Sergio Edwards

Espiritualidad y Conciencia Psicología en el Hombre

Sergio Edwards

Espiritualidad y Conciencia Psicología en el Hombre

Orientación Pastoral

CREDO EDICIONES

Imprint

Cover image: www.ingimage.com

Publisher:
CREDO EDICIONES
is a trademark of
International Book Market Service Ltd., member of OmniScriptum Publishing Group
17 Meldrum Street, Beau Bassin 71504, Mauritius

Printed at: see last page
ISBN: 978-613-1-68058-8

Espiritualidad y conciencia

Psicología en el hombre

Acercamiento bibliográfico y reflexivo

Dr. Sergio David Edwards Juárez

Introducción

Es indudable que en el mundo occidental los hombres religiosos están en diversos grados marcados por el cristianismo, lo que no plantea ningún problema particular desde el punto de vista psicológico; sin embargo, ya hemos visto que ciertas concepciones teológicas ponen en duda incluso la posibilidad de una psicología religiosa y ello nos exige justificar lo que la psicología implica frente al cristianismo.

La psicología, y la espiritualidad, consideran el cristianismo como una forma exclusiva de fe religiosa rica en relaciones entre lo trascendente y relaciones humanas. La psicología hace abstracción de la verdad histórica y teológica de los dogmas cristianos, y pone entre paréntesis la influencia de la gracia en el comportamiento de los sujetos, pero respeta la originalidad de la relación vivida con las realidades enunciadas por los dogmas cristianos.

El principal defecto de que padecen numerosos estudios de psicología religiosa, es integrar toda actitud religiosa en las abstracciones preestablecidas de una religiosidad indiferenciada, y el olvido de las sendas específicas que corresponden a cada creencia. Si el psicólogo centra raramente su atención en las creencias dogmáticas y en las transformaciones que pueden atribuírsele. No serían otra cosa que la emanación de una subjetividad religiosa, y el que las toma en serio juega el ruboroso papel de teólogo.

De hecho una psicología dinámica supera la antítesis y reconoce en el hombre el lugar de interacción de ambos polos. Ningún psicólogo se permitiría enfocar su estudio sobre una pura subjetividad o sobre la sola dimensión de lo social, sino que las recientes escuelas de lingüística afirman la autonomía del lenguaje en cuanto tal, como universo simbólico que no se deja reducir ni a la interioridad genética ni a las reglas sociales y en el que el individuo se integra, y por el que se deja formar, introduciendo al mismo tiempo en todo ello un centro creador. De manera análoga, la religión real existe en las múltiples relaciones entrelazadas entre los sujetos religiosos, la sociedad religiosa a la que éste pertenece y el universo de creencias y de ritos al que el individuo y la sociedad se adhieren. Sin dejar de suspender todo juicio sobre la realidad efectiva de los dogmas religiosos, el psicólogo debe permanecer atento a las ligazones primordiales que se establecen entre el individuo, la sociedad y las estructuras dogmáticas.

Ciertos teólogos partiendo de posiciones radicalmente diferentes desechan en principio reconocer todo derecho de observación sobre los fenómenos cristianos a la psicología religiosa. En cuanto a una religión verdadera, no es reconocible sino separando los ojos del hombre y sus estructuras psíquicas y mentales, para fijarlos sobre Dios y su sola obra. El objeto de la psicología y la espiritualidad no consiste solamente en estudiar los oscuros titubeos del hombre lanzado a la persecución de lo divino, sino que abarca también todas las formas y maneras a través de las cuales el hombre entra en viva relación con Dios, manifiesta ya sea a través de lo sensible, ya a través de lo ético o a través de su propia palabra.

El trabajo que hemos elaborado consta de tres grandes apartados, desde ellos hemos centrado así los temas: del fenómeno religioso y la psicología, en especial los factores psicológicos de la relaciones religiosas; de la experiencia religiosa y el condicionamiento psicológico y cerramos con la reacción entre espiritualidad, oración y psicología. Hemos colocado diferentes secciones, así como numerosas notas al pie de página, esperamos solo aportar al tema de la psicología religiosa, en especial desde la visión de una espiritualidad cristiana de cara al tercer milenio.

Índice

INTRODUCCIÓN **2**

I. FENÓMENO RELIGIOSO Y PSICOLOGÍA **5**

1. ACERCAMIENTO CONCEPTUAL 5
2. EL FENÓMENO RELIGIOSO Y LA PSICOLOGÍA 8
3. FACTORES PSICOLÓGICOS EN EL FENÓMENO RELIGIOSO 13

II. LA EXPERIENCIA RELIGIOSA **24**

1. CÓMO HABLAR DE EXPERIENCIA RELIGIOSA 24
2. EXPERIENCIA RELIGIOSA Y CONDICIONAMIENTO PSICOLÓGICO 31

III. ESPIRITUALIDAD, ORACIÓN Y PSICOLOGÍA **41**

1. PERSPECTIVAS DE LA ESPIRITUALIDAD CRISTIANA 46
2. ESPIRITUALIDAD, ORACIÓN Y VIDA 50
3. ORACIÓN Y PSICOLOGÍA 55

CONCLUSIÓN **58**

REFERENCIA BIBLIOGRÁFICAS 61

I. FENÓMENO RELIGIOSO Y PSICOLOGÍA

1. Acercamiento conceptual

Cuando se habla sobre el tema del fenómeno religioso, surge la pregunta por el valor que la fe y la vida tienen para el hombre contemporáneo. Las principales respuestas de la psicología contemporánea y las posibilidades de discusión que nos ofrecen la situación actual de las investigaciones, los puntos de vista y los métodos de la ciencia psicológica no pueden como es lógico abrazar todos los aspectos de la religión, sino que se limitan al estudio de los fenómenos psíquicos relativos a la religión, es decir, se proponen dar una interpretación de la religiosidad.

Fue William James[1] el primero en abrir el camino cuando, basándose solamente en los datos de la experiencia y siguiendo el método de la investigación experimental, intentó dar una interpretación de los hechos religiosos, entendidos como factores primarios de la vida del hombre; sigue siendo un texto fundamental. James observaba que la psicología tiene que considerar la religiosidad como acontecimiento subjetivo y hasta personal, prescindiendo de su eventual correspondencia con una realidad extrasubjetiva y distinguía claramente el juicio existencial que señala los hechos del juicio de valor; animosamente prefería la actitud pensativa del que es consciente del

[1] (1842-1910), filósofo y psicólogo estadounidense que desarrolló la filosofía del pragmatismo. En sus obras aplicaba el principio del funcionalismo a la psicología, cambiándola de su lugar tradicional como rama de la filosofía y situándola entre las ciencias basadas en el método experimental. James aplicó sus métodos empíricos de investigación a temas religiosos y filosóficos. Exploró cuestiones como la existencia de Dios, la inmortalidad del alma, el libre albedrío y los valores éticos, empleando como fuente directa la experiencia religiosa y moral humana. *Las variedades de la experiencia religiosa* (1902) esta obra es un informe psicológico muy claro sobre algunas experiencias místicas y religiosas. Cf. **Biblioteca de Consulta Microsoft**® Encarta® 2003.

mal por encima del equilibrio mental que se deriva de una consideración más limitada de la vida, inclinándose por una valoración del momento místico que por su pasividad parece desvelar mejor la relación con una presencia superior, que es en lo que reside el carácter dominante de la religiosidad. Finalmente, situándose para su valoración en una perspectiva pragmatista, reconocía a la religión una nota claramente positiva que consiste en conferir a la vida un nuevo sabor, junto con un sentimiento de seguridad y de paz, derivado de la comunión con un mundo espiritual invisible, hacia el que se orienta la existencia humana como a su fin.

La célebre tesis de Freud, que define a la religión como "la neurosis de la humanidad", se basaba fundamentalmente en la consideración de las analogías existentes entre la obsesión neurótica y la fijeza del ritual religioso[2], es decir: el significado desconocido de los actos obligatorios justificados de manera ficticia, el sentimiento de culpabilidad acompañado por las figuras del castigo, de la angustia y de la prohibición, la escrupulosidad que origina la remoción de los impulsos infantiles, el intento de descargar la responsabilidad en detalles insignificantes[3]. En 1938 Freud aplicaba en su teoría a la religión hebrea[4]. Freud se había propuesto curar al hombre de la neurosis universal de la religión tradicional[5].

---

[2] En especial con la obra las obsesiones y la práctica religiosa, de 1907, Cf. Jones, E. 1978. **Vida y obra de Sigmund Freud**, Tomo I. Prólogo. p XI

[3] En la obra Tótem y tabú, 1913, se revestía de elementos etnológicos: la imagen del padre, Jefe de una antigua horda humana, asesinado por los hijos a fin de poseer a las mujeres, que acechaba angustiosamente a los parricidas, quedaba conjurada mediante su identificación con un animal inofensivo y la aparición de la exogamia. Cf. Jones, E. 1978. **Op Cit**. p XIII

[4] Su obra titulada Moisés y el monoteísmo, 1939, El parricidio está en la raíz de la angustia religiosa y de la inhibición moral y Dios no sería más que un engrandecimiento de la imagen del padre. Cf. Ibíd. p XXI

[5] En lugar de religión tradicional se invocaba la llegada de un culto a la ciencia que ofreciera a la humanidad el consuelo de una fe sin angustia. Marcadamente lo dispone en su obra El futuro de una ilusión, 1927. Cf. Ibíd. p XXIII

C. G. Jung[6], partiendo de una postura que de acuerdo con Freud reconocía en la base de la religión una "constelación infantil de los padres", asumía ya en 1912 una orientación muy distinta de la teoría freudiana[7]: a la sexualidad se le anteponía una libido de carácter indeterminado, mientras que la imagen de los padres no tenía ya su origen en una experiencia personal, sino que era la ocasión para la generación de un símbolo en el que la libido se condensaba en unos esquemas arquetípicos inconscientes, transmitidos hereditariamente en la especie humana.

El sentimiento religioso con todos sus símbolos debe iluminarse por medio de una comprensión intelectual, que logre sin embargo mantener en el individuo la preciosa carga vital de la fe instintiva. La religión es una funci ón psíquica irreducible destinada a desembocar en la autonomía moral. Las religiones institucionales son simbolismos erigidos en sistema que se han ido secando hasta quedar reducidos a meros formalismos. Sin embargo, la idea de Dios no puede probarse racionalmente; es imposible de suprimir porque se trata de un arquetipo que tiene su origen en el inconsciente. Jung aplica la teoría de lo *numinosum*[8] que define a la religión como "la actitud de la conciencia que ha sido transformada por la experiencia de lo sagrado", que es el ideal mismo de la persona[9].

[6] (1875-1961), psiquiatra y psicoanalista suizo, fundador de la escuela analítica de la psicología. Jung realizó una variación sobre la obra de Sigmund Freud y el psicoanálisis, interpretando los problemas mentales como un modo patológico de procurar la autorrealización personal y espiritual.. Biblioteca de Consulta Microsoft® Encarta® 2003.

[7] El padre no es ya el modelo, sino la ocasión para la manifestación de un arquetipo divino que yace en el inconsciente colectivo, patrimonio de la especie a la que pertenecen los individuos concretos. Sin embargo, con la publicación de Transformaciones y símbolos de la libido, 1912, estableció un estrecho paralelismo entre los mitos arcaicos y las fantasías psicóticas, explicando las motivaciones humanas en términos de energía creativa. Cf. Ancona, L, 1971. **Cuestiones Psicológicas.** p 54

[8] Jung utiliza el *numen*, la energía divina de los dioses mitológicos, para emplearlo como elemento desde el cual lo sagrado representa la fuerza de impulso de las realidades humanas psíquicas y de las relaciones humanas y sociales. Ibíd. p 58

[9] Se ve la experiencia religiosa como un don, "un estado de gracia" que sostiene a la existencia y que es parte indispensable de todo el dinamismo psíquico Psicología y religión, 1937, Ibíd. p 60

La identificación de Dios con el "lo incluso" [10], con el todo personal del individuo, se acentúa en especial al referirse a la magia y los sueños. En el otro ensayo Jung intenta a la luz de su teoría una interpretación psicológica del paso del hebraísmo al cristianismo y se aventura a dar una explicación de los dogmas fundamentales de la teología cristiana[11].

Los sondeos realizados por la psicología de lo profundo muestran la imposibilidad de explicar el hecho religioso sobre la base de la vida individual e invitan a investigar en el contexto más amplio de la vida social. Era el camino que ya habían emprendido W. Wundt[12] y E. Durkheim[13].. Es fácil ver en la obra de James, en la psicología de lo profundo y en la investigación sociológica tres filones primarios para el estudio de la religiosidad[14].

2. El Fenómeno Religioso y la psicología

Asoma constantemente en la psicología contemporánea la tendencia a absorber el hecho religioso dentro de otros hechos examinados, evitando situarlo como un tema consistente, con la intención de sustituir la tradición religiosa por la ciencia, de anteponer el elemento emotivo al racional. La tesis

[10] Especialmente se puede encontrar en la obra Psicología y Alquimia, 1944. Ibíd. p 70

[11] Preguntas para Hiob, 1952, colocando temas como la encarnación, la redención y la vida después de la muerte. Ibíd. p 65

[12] Ya en 1862 W. Wundt había buscado la explicación de los procesos psíquicos superiores en una "masa aperceptica, en un alma de los pueblos, expresión de la vida social que debía ser estudiada en una nueva "psicología de los pueblos". Ibíd. p 66

[13] E, Durkheim veía en la religión una manifestación del alma colectiva y creyó que podía indicar sus orígenes en las sociedades primitivas, apelando con Wundt y con Freud a las teorías totemistas e interpretando el tótem como símbolo de la sociedad misma. Cf. Ídem.

[14] Además del grupo de investigadores que han intentado seguir el camino trazado por W. James, han ofrecido también puntos de vista complementarios para el examen de este problema el funcionalismo de J. Dewey desarrollado de manera específica por J. Coe, el behaviorismo (Waison, Hull. B. F. Skinner, O. H. Mowrer) y la Gestalt psychologie (Asen, Wertheimer, Kohier). Ibíd. p 70

de Freud, que identifica la religión con un estado neurótico, aparte de cimentarse sobre bases discutibles como la reducción de la religión solamente al ritual fijo y el recurso a teorías etnológicas muy dudosas, invita a preguntar si no habrá una religiosidad sana al lado de una posible religiosidad enferma. Ch. Odier[15] intentó esta distinción en su obra[16]; observa Odier que en su explicación de la religión Freud intenta reducir los fenómenos psíquicos a funciones psicobiológicas, siendo así que además de esas funciones existen valores autónomos e irreductibles; concretamente.

Por otra parte acusa a los moralistas de haber intentado comenzar la formación moral antes de haber liberado al individuo de la influencia del inconsciente mediante un oportuno tratamiento psicológico. Mientras invita a una libertad moralmente responsable, Odier no demuestra mucho aprecio por la situación religiosa, que considera patológica en cuanto que en ella el yo sigue estando condicionado por la actividad del super-yo. Aun reconociéndole a Odier el merito de haber señalado algunos obstáculos que deben apartarse decididamente en la edificación de una responsabilidad moral, hay que hacer algunas reservas a propósito de la opinión según la cual rodos los individuos tienen que sufrir necesariamente un tratamiento psicológico para llegar a la libertad moral plena, y hay que recordar la dificultad para pasar del estado de pasividad inducido por el análisis a la asunción de la responsabilidad activa que requiere la formación moral[17].

---

[15] (1902-1973), psiquiatra, trabajo con los primeros ensayos psicoanaliticos de Freud, interpretando los problemas en base as los estados freudianos del conciente, inconciente y animalidad. Biblioteca de Consulta Microsoft® Encarta® 2003.

[16] Las dos fuentes consciente e inconsciente de la vida moral, 1947, aun admitiendo que la obra del analista no basta por sí sola para hacer surgir esos principios morales que ignora el psicoanálisis. Odier muestra la presencia en el inconsciente de un contraste entre el super-yo y la conciencia moral. Cf. Odier citado en Ancona, L, **Op Cit.** p 72

[17] Si se habla de neurosis cada vez que uno se encuentra en presencia de desviaciones de la línea moral, se corre el peligro de favorecer el juego de irresponsabilidad y de la inmoralidad. Cf. Ídem.

Odier parece dedicar más atención al momento patológico que al momento de la auténtica formación moral. L. Ancona y N. Mailloux han intentado salvar dentro del ámbito de la perspectiva psicoanalítica la autonomía del campo religioso, que a pesar de estar continuamente amenazado por la influencia de la libido, no puede identificarse con el estado neurótico, y han distinguido entre una religiosidad madura y una religiosidad inmadura[18].

Las tesis que hemos indicado no parecen haber aclarado todavía con suficiente eficacia los caracteres de la religiosidad auténtica; pero esto resulta necesario incluso desde el punto de vista práctico, para que distinguiendo adecuadamente entre la obra del teólogo, del moralista y del psicólogo sea posible presentar al sujeto de la acción moral la ayuda oportuna en sus momentos de incertidumbre. La tendencia a partir del estudio de los fenómenos patológicos es bastante habitual en psicología; la posible razón de esto podría estar en el hecho de que en la fase patológica este fenómeno se muestra más acentuado y posible de discernir; sin embargo, este procedimiento impone muy serias dificultades cuando se trata de establecer los caracteres de la normalidad y de trazar la línea de demarcación entre la normalidad y la anormalidad[19].

La fórmula de Galton que pretende señalar la normalidad del fenómeno sobre la base de su mayor frecuencia no parece adecuada; recientemente se han levantado algunas voces para denunciar la imposibilidad de determinar la norma con un procedimiento estadístico a partir de la consideración de hechos anormales. En particular con este método se corre el peligro de formarse una imagen deformada del hombre[20]. G. W. Allport observa que la norma

[18] Sin embargo, también en su investigación parece ser que el interés se centra más bien en la fase de la inmadurez. Cf. Ídem.

[19] Ibíd., p 72

[20] H. C. Rümke, citado en Ancona, L, **Op Cit.** p 73

estadística en el estudio del hombre no coincide ni mucho menos con la norma moral, ya que la primera expresa más bien la mediocridad humana, que no está desde luego exenta de defectos patológicos; no ha surgido ningún resultado apreciable de la búsqueda de caracteres distintivos del comportamiento humano respecto al comportamiento animal, ni parece ser que el inventario de las personalidades haya dado resultados útiles[21].

Allport advierte un transito continuo entre la normalidad y la anormalidad; distingue funciones[22] defensivas y constructivas y, aunque concede mayor peso positivo a las segundas, no niega el valor de las primeras. Indica además que las diversas terapias buscan la consecución de valores diversos en dependencia de la orientación personal del psicólogo y prefiere dejarle al moralista la tarea de determinar los valores sobre cuya base hay que juzgar de la normalidad. Finalmente, a propósito de la religión Allport[23] distingue entre una religiosidad extrínseca hecha de hábitos, de conveniencias, de intereses egoístas y una religiosidad intrínseca que orienta y compromete a toda la persona hacia principios absolutos.

En conclusión, la normalidad y la anormalidad constituyen una pareja de opuestos que resultan difíciles de definir pero que surgen inevitablemente; difíciles de determinar en el plano conceptual sistemático, pero que no es posible ignorar en el terreno práctico. En el trasfondo sigue imperando todavía la distinción que propuso Bergson entre el impulso místico personal y la obligación habitual social que se encarnan respectivamente en el momento dinámico y en el momento de la religiosidad. Aunque quedan muchas cosas dudosas en la perspectiva bergsoniana[24], sin embargo ha ofrecido un doble

[21] G. W. Allport citado en Ancona, L, **Op Cit.** p 74
[22] Catabólicas y anabólicas cf. Ancona, L, **Op Cit.** p 77
[23] Cf. Allport, G. 1950. **El individuo y su religión**. pp. 8-10
[24] Por ejemplo, la identificación de la obligación con la sociedad misma

punto de vista desde el que considerar un fenómeno tan complejo como es el fenómeno religioso.

La oportunidad de poder usar ambos conceptos de apertura y de cerrazón de una forma complementaria. ha sido aprovechada por Minkowski que considera ilícito hablar sin más de religiosidad o de moralidad enfermas por el mero hecho de que están presentes en ellas algunos factores que tomados aisladamente resultarían neuróticos; recuerda que una situación constituida únicamente por elementos positivos es una abstracción; para que pueda declararse sana una situación basta con que los elementos negativos queden compensados por los positivos dentro de un proceso hacia un ideal de perfección total. La historia de Edipo es una tragedia y no un hecho neurótico propiamente tal, ya que el elemento anormal es sentido y contrastado como tal. "La normalidad está en el ritmo, en el antagonismo armónico de apertura y de cerrazón"[25]. La misma vida biológica es un buen ejemplo de ello.

La religiosidad y la moral en estado puro quizás no existan. Aunque distinguimos dos fuentes, el río que llega a nuestra conciencia es único, un río más o menos turbio. Incluso el río más claro arrastra detritus que contribuyen a formar el cauce y de esta forma lo canalizan; y un pantano encenagado y fangoso contiene siempre al menos un poco de agua que puede ser purificada por el sol. Es verdad que, cuando la corriente se ve obstaculizada, hay que buscarle una salida, pues de lo contrario se acumularía y habría peligro de aluvión[26].

En ese caso tiene que intervenir el psicólogo; cuando los motivos inconscientes se han convenido en un obstáculo para el desarrollo normal de la vida psíquica, puede conseguir remediarlo de alguna manera. Es preciso

[25] Cf. Vergote. A., 1969, **Psicología Religiosa**.. p. 9
[26] Cf. Ancona, L, 1971. **Op Cit**. p 80

atender no solamente a la materia, a los contenidos[27], sino considerar además la forma de un fenómeno. En los salmos hebreos la presencia de elementos inmorales no elimina, como observa C. S. Lewis, la vena genuina de una auténtica relación con Dios. La autenticidad de una religiosidad no debe juzgarse sobre la base de sus contenidos materiales, sino según su orientación y su significado fundamental[28].

3. Factores psicológicos en el fenómeno religioso

La psicología no puede estudiar la experiencia religiosa a través de la simple recogida de daros externos que se ofrezcan a la observación en un montón desordenado y contradictorio, la interpretación de los hechos requiere más bien un análisis de la emoción interior, que como tal no resulta fácil determinar. Para enmarcar debidamente la investigación puede ser interesante la distinción inicial de una serie de factores que intervienen generalmente en la actividad psíquica superior: condiciones individuales, actividad cognoscitiva, afectividad, acción, socialidad, moralidad.

Las condiciones individuales consisten en la obra innegable de factores relacionados con las funciones de cada órgano y del organismo entero. No puede aceptarse la tesis que intenta derivar la religiosidad de hechos emotivos de origen únicamente fisiológico, que serían en un segundo tiempo objeto de una obra de "racionalización".

En efecto, se nota que la carga emotiva está unida, más que a unos factores fisiológicos, a una situación para la que constituyen una respuesta.

[27] Como hacen las metodologías reduccionistas, Cf. Ancona, L, 1971. **Op Cit**. p 81
[28] Ídem.

La actividad cognoscitiva se entremezcla estrechamente al juego de las cargas afectivas. La actividad cognoscitiva ha distinguido Bartlett un pensar lógico que se basa en definiciones conceptuales, un pensar científico que se adhiere a los datos de la experiencia y un pensar intuitivo que procedería por asaltos. No es posible reducir la cognoscibilidad religiosa sólo a la inmediatez intuitiva[29], como tampoco se puede imaginar en general un pensamiento exclusivamente lógico-conceptual o meramente empírico; hay que pensar más bien en una integración recíproca de todos los factores mencionados.

En el plano de la afectividad se ha insistido mucho en el sentimiento del temor o del ansia como típico de la religión, en cuanto sería la respuesta natural a la presencia misteriosa de unas fuerzas escondidas. Pero el ansia no es un estado patológico por sí misma, sino más bien una actitud justa de defensa frente a un mal oculto e inminente: teniendo en cuenta el carácter tan precario de la situación humana, no parece que pueda suprimirse por completo el ansia de la vida del hombre[30]. Por otra parte, el misterio religioso no es solamente motivo de ansia, sino que es al mismo tiempo motivo de atractiva seducción; y además hay que añadir en lo que se refiere a lo sagrado un deseo de comunión personal y de personificación.

G, van der Leeuw y E. Benz han señalado una presencia estructural de lo trascendente en la construcción del mundo por parte del sujeto: lo "formidable". También Freud, partiendo de la concepción de un origen únicamente somatógeno del ansia, habría llegado a dar de ella una explicación interpersonal[31], como fruto de las relaciones del sujeto con la persona de los

[29] La teoría de la Gestalt ha demostrado su aspecto positivo, en especial lo postulado por Horney, K. 1969. **La Personalidad neurótica de nuestro tiempo**, p 5

[30] Ni siquiera con el intento de quitar con la razón todos los velos de lo desconocido parece posible llegar a un resultado definitivo, en cuanto que la razón como tal se presenta en si misma profundamente misteriosa. Cf. Horney, K. **Op. cit.**, p 7

[31] La interpersonalidad es defendida también por Binswanger, Suttie, Horney y Sullivan Cf. Ibíd. pp 22-25

padres. Bajo esta consideración podría explicarse el ansia religiosa como un impulsor ir más allá de los hechos mudos a la búsqueda de una respuesta personal.

La acción es también un factor indispensable a la religiosidad, sin la cual degeneraría en un taedium vitae modulado a través de una variedad de actitudes frustradas y morbosas; por otra parte, no hay ninguna forma de acción que se libre del impulso religioso. También la socialidad es un constitutivo esencial de la religión, no sólo en cuanto que ésta establece una relación con otras personas en grupos más o menos extensos, sino sobre todo porque la religión es una comunión personal con el Absoluto.

En cuanto a la moralidad[32], hay que recordar que no coincide con la obligatoriedad en general, sino con una obligación interna y que se cualifica en el ámbito de la opción entre varios bienes. Es sabido que Freud colocó a la religión y a la moralidad en el mismo plano de un sentido de obligación derivado de exigencias sexuales reprimidas; no es esta la ocasión para discutir este locus ya famoso. Hay que recordar más bien la explicación del origen del sentido de la obligación que ha propuesto la teoría del aprendizaje, según la cual los valores se constituirían solamente como consecuencia de una repetición de actos aprobados, es decir, acompañados de un éxito agradable; sin embargo ya ha quedado constatado y demostrado que para el hombre el principio de refuerzo vale sólo para las vinculaciones inferiores y que no basta para explicar la vida superior[33].

A propósito de estas teorías, se observa que no bastan los influjos externos para determinar un comportamiento si no existen ya en el interior del sujeto unas estructuras y unas disposiciones adecuadas[34]. Hay que distinguir

[32] Que tiene una conexión natural con la religiosidad
[33] Cf. Anderson, G. C. **Su religión: ¿neurótica o saludable?,** 1970. pp 144-148.
[34] Ídem.

entre religiosidad y moralidad, aunque se trate de dimensiones que se integran mutuamente, recordando que la religión se establece siempre en relación con una realidad trascendente respecto a la objetividad empírica ante la cual se impone una actitud de dependencia y de confianza que es muy distinta del carácter de actividad responsable, propio de la moralidad.

Una vez más parece como si se abriera un ancho abismo entre el misterio religioso y los datos recogidos por la psicología; sin embargo, se impone la decisión de mantener con firmeza los dos datos de hecho sin pretender echar un puente antes de. tiempo ni ceder a la desesperación queriendo salir del atolladero a costa de sacrificar uno de los dos términos del problema en aras del otro[35].

Podríamos dividir el estudio de la religiosidad en la vida del hombre según las tres etapas de la religiosidad infantil, la religiosidad en la adolescencia y en la edad madura. Para el estudio de la psicología de la infancia y su evolución conviene recordar la teoría de J. Piaget que, animado por un interés filosófico y al mismo tiempo naturalista, intentó establecer como principio ciertas relaciones entre los esquemas mentales y el desarrollo de la inteligencia[36], sirviéndose de un método clínico que al estilo de los psiquiatras procuraba captar a través de una serie de preguntas los nexos que existían por debajo de las expresiones verbales. Piaget ve en el desarrollo gradual desde el pensamiento del niño al pensamiento del adulto el fruto de una discusión con el ambiente que induce a una construcción del mundo cada vez más adecuada a la realidad circundante, hasta culminar en-una concepción lógicamente garantizada.

La construcción se fundamenta primero en unas bases senso-motoras, luego se articula en representaciones simbólicas plásticamente evidentes,

[35] Ídem.
[36] Ídem.

finalmente se apoya en operaciones mentales lógicas; a estas tres etapas corresponde el desarrollo de las funciones cognoscitivas (objetos físicos, espacio, tiempo, número), de la función representativa (juego, imitación, dibujo, lenguaje), del sentimiento (sentimientos elementales, juicio moral, voluntad). La característica psicológica del niño serpia un egocentrismo absoluto que, basado únicamente en la experiencia subjetiva, tiende a ignorar la realidad objetiva (animismo, artificialismo, magia)

En esta primera fase el lenguaje parece tener más bien una función de acompañamiento de la experiencia subjetiva que una intención comunicativa. El proceso de socialización empezaría después de los siete anos y llevaría progresivamente al niño a admitir punios de vista distintos de los suyos con una intención explicativa. Las tesis de Piaget han suscitado críticas y discusiones y se le ha exigido una mayor comprobación en el terreno de la estadística; de todas formas la obra de Piaget resulta estimulante[37].

En lo que se refiere a la religión la tesis de Piaget tiene una aplicación francamente negativa en cuanto se considera al hecho religioso como expresión de unos caracteres infantiles destinados a quedar superados al llegar la edad madura. Piaget señala algunas analogías entre el mito y el antiguo pensamiento griego y las explicaciones cosmológicas del niño de siete anos, llegando incluso a hablar de la religión como de un mecanismo infantil (que sobreviene a veces parcialmente en individuos de edad adulta)[38]. Sin embargo, está por probar que la religión se reduzca solamente a figuras de la infancia que declara abolidas una mente que razona lógicamente.

Sobre el desarrollo de la afectividad infantil nos encontramos una vez más frente al pesado bloque del psicoanálisis freudiano, que hace remontar

[37] Cf. Anderson, G. C. **Op. Cit.** p 150
[38] Ibíd., p 151

explícitamente a la infancia el destino afectivo del adulto y que busca en el adulto neurótico precisamente al niño.

Sin embargo, Freud no estudió casi nunca directamente al niño e incluso entre sus seguidores no son muchos los estudios a este propósito; por lo demás, tampoco han faltado las críticas al psicoanálisis por parte de estudiosos de la psicología de la infancia y al lado de J. Suttie, que recordaba el momento espiritual del amor y de la maternidad, el mismo Piaget siguiendo a P. Bovet se negó a reducir solamente al plano de la sexualidad las relaciones entre el niño y sus padres[39].

Respecto a la religión es evidente su depreciación, por obra de la visión freudiana: estaría ligada exclusivamente a una fase evolutiva de la libido sexual. De todas formas, entre algunos freudianos ortodoxos como A. Freud, M. Klein, E. Jones, S. Issacs y R. Moncy Kyrie se adviene cierta modulación destinada a asociar a la sexualidad otros factores del desarrollo infantil. Por el contrario C. G. Jung reconoce un valor positivo a la religión, mientras que aparece una acentuación de los factores interpersonales entre algunos estudiosos de orientación freudiana como K. Horney, E. Fromm y Sullivan. y aparece el uso de categorías psicoanalíticas en algunos antropólogos como M. Mead y C. Kluckhohn. Entre los psicólogos americanos se tiende a considerar la religiosidad como un fenómeno de vida interpersonal que tiene su origen más o menos en impulsos de tipo freudiano[40].

A propósito del carácter parcial y de la insuficiencia de la perspectiva freudiana es justo señalar la presencia en el hombre de un impulso a superar los limites empíricos pero que no es posible entenderlo como una mera "ilusión". M. Boss recuerda en contra de Freud que la vida humana está hecha

[39] Cf. Anderson, G. C. **Op. Cit.** p 156
[40] Ibíd.. p 158

sobre todo de responsabilidades y no acepta que se haga remontar por ejemplo la neurosis exclusivamente a cienos choques de la edad infantil.

La religión infantil tiene los siguientes caracteres propios: un marcado egocentrismo, una actividad antropomórfica dependiente del ambiente familiar, social y cultural, ligada a expresiones verbales especiales y a comportamientos rígidos y ritualizados. Sin embargo, la falta en el niño de ciertas cualidades presentes en el adulto no debe considerarse como negativa sobre todo porque el niño posee oirás dotes positivas que se han perdido a veces en el adulto (genuinidad, espontaneidad, constructividad, admiración) pero especialmente porque el niño es un ser en fase de desarrollo[41]. En vez de hablar de la supervivencia de los caracteres infantiles más allá de los cinco años, conviene ver en los primeros años de vida el planteamiento y el germen de la vida sucesiva.

Como apéndice al tema de la religiosidad hay que mencionar el tema del juego; mientras que Freud puso el acento en el aspecto ritual del Juego (las reglas que lo convierten en tal) viendo en el una base para su teoría de la religiosidad como neurosis, otros muchos autores han subrayado el carácter de libertad del Juego, que contrasta con las obligaciones neuróticas. Guardini ha señalado las figuras del Juego en el mismo ritual litúrgico. También la ritualización religiosa puede decaer hasta endurecerse en un formalismo rígido. Es posible comprobarlo en todas las religiones y se palpa continuamente en la Biblia. La religiosidad formalista no es ya capaz de abrirse a Dios, sino que se convierte en una muralla entre el hombre y Dios. Pero ¿qué actividad expresiva humana no corre el mismo riesgo?[42]

---

[41] Hay que recordar que el desarrollo extra-uterino en el hombre es bastante más prolongado que en los mamíferos y que en el niño la fase de preparación para la vida es particularmente intensa. CF. Parker y Johns. **La oración en la psicoterapia**. 1975. pp. IX-XIII (introducción)
[42] Ídem.

La adolescencia como paso entre la infancia y la madurez es un período delicado y turbulento cuyos efectos se hacen sentir también notablemente en el terreno de la religiosidad. El factor fisiológico de la pubertad, importante sin ningún género de duda, no puede sin embargo considerarse como la causa única y unívoca del estado psíquico de la adolescencia; el elemento fisiológico crea más bien un estado de atención que agudiza las emociones que tienen su origen también en las situaciones ambientales. El malestar de la adolescencia radica más bien en la salida del mundo estabilizado de la infancia hacia un mundo nuevo y oscuro, mientras que el egocentrismo infantil se ve disgregado, surge la objetividad del pensar lógico-abstracto y aparece violentamente el yo que quiere ocupar su puesto en el mundo[43].

El interés sexual que se había hecho latente en la segunda infancia adquiere una importancia primordial y el problema central consiste en el restablecimiento del equilibrio entre el ansia sexual y la represión que entra en conflicto. La caída del ego infantil no se ve compensada todavía en la adolescencia por la obra segura de un yo racional; se tiene una extroversión vanidosa, la necesidad de autoafirmación lleva a la asimilación desordenada de ciertas líneas de conducta que a menudo son negativas e inmorales.

Incluso ante estas perturbaciones es preciso no olvidarse de que la adolescencia es de todas formas una fase de transición y que como tal dispone de positivos recursos en el orden evolutivo. Los psicólogos americanos han dedicado una gran atención a los factores sociales que influyen en la adolescencia; parece ser que en el mundo contemporáneo el período de la adolescencia se presenta más dramático, quizás por la presencia de una mayor "provocación ambiental"[44]; Termann ha hecho advertir que la dificultad de

---

[43] Cf. Erikson, E, H. **Infamncia y sociedad**. 1974. p 13
[44] Ibid., p 12

adaptación al ambiente es más acentuada en los jóvenes mas dotados. A propósito de la influencia social hay que señalar la tendencia de estos últimos años a dramatizar a la adolescencia, tendencia en la que cabe sospechar la prevalecia de un adultismo intelectual precoz, pero frío, sobre el impulso hacia el ideal, con un resultado deprimente y peligroso: el aburrimiento. Pero incluso en esta suposición se manifestaría todo el peso del ambiente social, revelado por la monótona insistencia en unos pocos motivos (la riqueza, el disfrute, el sexo)[45].

El deseo de dejar de ser niño y el temor de no ser original como adulto, que es propio del adolescente, repercute en la situación de la religiosidad como contragolpe del problema del sexo; los fracasos del adolescente en lo que atañe a la continencia pueden inducir a un equivocado sentimiento de culpabilidad que fácilmente acaba en un rechazo de la religión como fuente de una prohibición intolerable. Entretanto en el plano cognoscitivo influye el perfilarse de un pensamiento lógico que somete a crítica las expresiones míticas de la religiosidad infantil y afecta también a la confianza en los padres responsables de esta perspectiva[46].

El acuciante espíritu de competición respecto a los adultos lleva al joven a buscar una afirmación en instituciones o sectas religiosas. El adolescente busca una identidad personal propia y al mismo tiempo un socius y un absoluto que lo tranquilice[47]; en la superación de la religiosidad infantil es indispensable una asistencia discreta que guíe al adolescente al descubrimiento de los valores en su pureza racional. Sin embargo, la adolescencia no es solamente un mundo oscuro de perturbaciones, sino que por encima de los impulsos fisiológicos se ve iluminada por el sentido de la belleza, por el ideal del heroísmo y del amor.

---

[45] Cf. Erikson, E, H. **Op. Cit.** p 19
[46] Ídem.
[47] Ibíd., p 20

En la presentación del amor están inicialmente separados la idealidad y el sexo y la reunión armoniosa de estos dos principios deberá ser fruto de una guía educativa. Finalmente, tampoco hay que ignorar un sentimiento «mito-cósmico» inefable y que no puede repetirse arbitrariamente que, si se orienta hacía el Absoluto, tiene una resolución religiosa. Aunque no hay que silenciar los elementos turbios de la evolución fisiológica, se necesita encuadrarlos dentro de unas perspectivas espirituales que los canalicen en sentido constructivo hacia una orientación severa y consciente.

Al afrontar el análisis de la religiosidad en la edad adulta chocamos contra el obstáculo inicial de una definición de madurez, que puede considerarse desde diversas perspectivas. De todas formas se ha podido llegar a una definición científica, que ha alcanzado una buena adecuación con el reconocimiento intuitivo del fenómeno, ateniéndose a tres factores: edad, nivel y eficiencia. De todas formas hemos de contentamos con una determinación global que admite una variedad de modos de actuación, sin olvidar sobre todo que no existe una madurez perfecta y que la presencia de una disponibilidad evolutiva en el adulto es desde luego un factor positivo. Se han ofrecido listas más o menos abundantes de los caracteres de la madurez. Se ha trazado una imagen del hombre maduro con los seis caracteres señalados por Allport: la personalidad adulta se muestra capaz de comprender y respetar a los demás, de dominar sus propios impulsos y soportar la contrariedad con un sentido fundamental de seguridad, tiene el sentido de la realidad y puede autoexaminarse sin dispersarse ni deprimirse, se dirige de forma unitaria según unos principios y unos valores estables[48].

La religiosidad resulta estrechamente compenetrada con la madurez personal: en el centro su orientación tiene que estar Dios, no como medio sino

[48] Cf. Kennedy, E. **Fe religiosa y madurez psicológica**. 1973 en la Revista Conclium número 81 pp 117-123.

como fin del hombre entero. La conciencia del modelo divino hace al hombre maduro moralmente consigo mismo y tolerante con los defectos ajenos.

La experiencia cotidiana contrapone no pocas caricaturas e hipocresías al retrato ideal del hombre religioso; lo mismo que en la consideración de una obra de arte también en lo que atañe a la vida religiosa ocurre que la admiración por el ideal entusiasma fácilmente a todos, pero que luego la capacidad de comprenderlo y de realizarlo efectivamente empieza a fallar con lo que la masa sin educación y sin dirección se apacienta de vulgaridades, a pesar de que sigue alabando los valores superiores. Realmente, sólo después de una larga y profunda obra de educación se puede establecer una vida religiosamente informada; la hipocresía más o menos culpable acecha a todos los que sin la preparación suficiente alaban un ideal que no están en disposición de comprender ni de seguir[49].

Respecto a la religión se observa generalmente un conformismo ambiental, una falta de educación religiosa más allá de la infancia que no es capaz de enfrentarse con la realidad. De todas formas es importante en cada una de las etapas del desarrollo hacia la maduración procurar conseguir un equilibrio y una armonía entre los factores dados por la situación, sin cargar excesivamente el peso de un factor respecto al de los demás.

Se da la madurez cuando se da el dominio de las faltas de armonía y de los conflictos a costa de una resistencia que no sea mera aquiescencia... Es maduro el hombre que siente dolorosamente sus propias insuficiencias sin rebelarse ni envilecerse, ya que se ve a sí mismo y las cosas que lo rodean sobre un trasfondo inefablemente seguro y maravilloso. Es significativa la respuesta de un viejo judío cuando alguien le reprochaba por rezar unas plegarias en un lenguaje incomprensible: "¿Por que he de comprenderlo yo si

[49] Cf. Kennedy, E. **Op. Cit.**, p 119.

lo comprende el que está allí arriba?". La conciencia de la infinita altura de la divinidad y la confianza en Dios y no en nosotros mismos es quizás la nota principal del alma religiosa.

El ensayo de H. C. Rümke[50], considera la religiosidad como el sentido de la totalidad del ser, elemento esencial de la personalidad, y ve en la irreligiosidad una forma de neurosis, siempre que se realiza como búsqueda deliberada de hechos negativos en perjuicio de la religión. G. Jahoda[51] ha intentado reconstruir el itinerario de la pérdida de la fe cuyo comienzo se señala ente los seis y los nueve años y cuya fijación definitiva suele llegar con la presencia de circunstancias que separan al individuo del ambiente familiar. En general se puede afirmar que la pérdida de la fe religiosa es la consecuencia de una educación religiosa inicial insuficiente o meramente esbozada.

II. LA EXPERIENCIA RELIGIOSA

1. Cómo hablar de experiencia religiosa

La psicología religiosa, analiza el término experiencia religiosa desde la perspectiva conceptual, el término de experiencia tiene, de ordinario, el sentido de adquisición hecha por el espíritu en el ejercicio de sus facultades,

[50] La obra que más se acerca a esta determinación suya sobre lo religiosos se encuentra en la psicología de la incredulidad, donde realiza el análisis del fenómeno ateísta contemporáneo, con vista a las neurosis y otras tendencias radicalmente a confesionales. Cf. Debarge, L. 1968. **Psicología y pastoral**, p 20

[51] En la obra de la génesis de la increencia, escrita por este autor en 1952, en donde el aspecto educativo inicial abordado para reconocer las flaquezas y debilidades del soporte religioso. Cf. Ibíd., p 23

por ejemplo, tener experiencia de una profesión o de un país[52]. En filosofía como en psicología el término de experiencia expresa el hecho de sentir alguna cosa, en tanto este hecho se considera, no solamente como un fenómeno transitorio, sino como la prolongación y la invasión del pensamiento. En psicología, la experiencia es el modo de conocer por la aprehensión intuitiva y afectiva de las significaciones y de los valores, percibidos a partir de un mundo preñado de signos y de llamadas cualitativamente diferenciadas. Es el movimiento espontáneo, involuntario, en Virtud del cual el hombre se encuentra interpelado por el mundo, por un objeto o por otro[53].

Numerosos teólogos católicos han subrayado la presencia de certidumbres de experiencia en el corazón mismo de la fe ortodoxa. Reticentes ante el problema de las emociones religiosas subjetivas y arbitrarias, han designado por el contrario, en el uso que hacen del término de experiencia, la disposición profunda en virtud de la cual el creyente capta, inmediatamente, en una relación directa entre el hombre y Dios, el valor religioso superior de las verdades y de los misterios cristianos[54]. Dicho de manera general y sencilla, la experiencia religiosa consiste en la apertura a Dios o a lo divino[55]

Pero tenemos que admitir que no toda experiencia religiosa es auténtica, ni mentalmente saludable. La experiencia religiosa puede convertirse en un terreno abonado para toda clase de ilusiones engañosas y aun de enmarañadas manifestaciones patológicas. Hay que estar prevenido contra estas ilusiones; desenmascararlas y esforzarse por obtener una experiencia religiosa madura y auténtica.

---

[52] Cf. Vergote. A., 1969, **Psicología Religiosa**.. p. 45
[53] Ídem.
[54] Aubert, citado por Vergote, **Op. Cit**, p. 54
[55] Cf. Vergote, **Op. Cit**, p. 79

Es tan fácil tomar sus propios deseos por una llamada de Dios. Los análisis que hizo Freud[56], permanecen siempre válidos en cuanto el hombre proyecta en Dios sus miedos, su necesidad de seguridad, su rechazo de la realidad, del dolor y de la muerte. La imaginación del hombre es fértil en escapatorias y algunas actitudes que se pretenden religiosas como también ciertas formas de vida espiritual, de manera consciente o inconsciente, mantienen en vida dichas ilusiones. Importa desenmascararlas, si se desea, con sinceridad, llegar a la verdad[57].

Se requieren, pues, criterios para discernir entre el oro de la experiencia auténtica y la despojo de las ilusiones religiosas. Y el discernimiento entre experiencia religiosa auténtica y experiencia no auténtica, hay que enmarcarlo dentro de un contexto más amplio: el de la religiosidad madura y la religiosidad inmadura. Existe una relación entre una experiencia religiosa particular y la madurez general de la personalidad- Esta observación debe tenerse muy presente, a lo largo de toda esta exposición.

Hay que abordar el estudio de las experiencias religiosas con una actitud verdaderamente científica o sea desprevenida, y objetiva, para poder analizar los hechos tal como se presentan en la realidad. Igualmente anti-científicas son dos actitudes opuestas: por una parte, la suspicacia contra todo fenómeno religioso, o sea la tendencia a interpretarlos todos como manifestaciones neuróticas; en el otro extremo, una credulidad ingenua, que todo lo cree acríticamente.

Es bueno prevenirse ante dos situaciones, por una parte, la que consiste en tratar con suspicacia toda inquietud y toda emotividad religiosa y atribuirlas sin ningún proceso ulterior, a tendencias depresivas y neuróticas;

---

[56] En su obra El porvenir de una ilusión, 1927, en donde coloca el Dios que imagina cada hombre es según su frustración ante la necesidad de la figura paterna, incluso como el medio del escape psicológico ante una realidad que no entiende. Cf. Debarge, L. 1968. **Psicología y pastoral**, p 53
[57] Cf. Vergote, **Op. Cit**, p. 81.

por otra parto, la que consiste en tomar todo ingenuamente a la letra, sin cuidarse de distinguir lo que es auténticamente religioso de lo que no lo es. Entre los excesos, la psicología revela la existencia de un camino intermedio fundamentado sobre la distinción entre lo normal y lo patológico[58].

Es excesivo, en efecto, tomar todo temor religioso como aberración ligada a un estado depresivo y derivado de usa angustia mórbida; todo escrúpulo y toda confesión arrepentida como la manifestación de un complejo de culpa; todo sacrificio y toda práctica intensa de renunciamiento como expresión de tendencias masoquistas; todo recogimiento un poco prolongado como una oculta satisfacción de tendencias autistas; todo fervor sensible como un disfraz de carácter libidinoso; todo gozo espiritual como ilusión, y toda vocación religiosa como comportamiento de fuga ante un complejo edípico no resuelto.

Es igualmente excesivo considerar como normal todo temor sagrado, todo terror supersticioso, toda angustia, toda manifestación de humildad, toda prosternación delante de Dios, todo sentimiento de culpabilidad, toda resignación, toda práctica autopunitiva, toda obsesión, todo dogmatismo, todo fanatismo, toda cavilación religiosa, todo trance, toda exaltación sagrada (individual o colectiva), toda iluminación y toda vocación singular[59]. Entre estos dos extremos, está la actitud científica que es desprevenida, objetiva crítica; examina los hechos, los analiza, forma hipótesis que se confirman o se desconfirman, para poder formular conclusiones generales y leyes científicas.

El teólogo tiene sus criterios propios para discernir la autenticidad de una experiencia religiosa, por ejemplo, la humildad y sinceridad de la persona que es el sujeto de la experiencia; el aumento de fe, esperanza y caridad, la ausencia de egoísmo y vanagloria.

---

[58] Cf. Debarge, L. 1968. **Op Cit.** p 54
[59] Ídem.

En general, podríamos afirmar que toda experiencia auténtica debe contribuir a la autorrealización integral del individuo. Pero ayudaran también dos aportes: primero considerar los criterios de autenticidad aportados por algunos estudiosos de la Psicología de la Religión. Segundo dedicar especial atención a las opiniones de Gordon Allport, el famoso personólogo de Harvard, quien ha investigado y profundizado como pocos psicólogos el tema de la religiosidad madura. Conviene advertir que lo que digamos sobre la religiosidad madura en general y sobre *el sentimiento religioso* en la terminología de Allport, se aplica también a cada experiencia religiosa en particular.

El Pastor Harry C. Meserve[60], describió diez características que forman como un perfil de la persona religiosamente madura:

1. Una persona religiosamente sana es la que ha encontrado un marco de referencia, que proporciona sentido, tanto ideológico como humanístico, dentro del cual puede juzgar y evaluar los significados y elecciones más específicas de la propia vida.

2. Está en contacto con la realidad y ha llegado a ver que el crecimiento y el progreso de sí mismo y de los demás o del mundo no puede basarse sino en la realidad de las cosas tales como son.

3. No convierte en un fetiche ni la conformidad ni la no conformidad, sino que conserva su propia integridad y libertad de juicio.

4. Ve la vida como una jornada desde lo conocido y familiar hacia lo desconocido y lo nuevo.

[60] Presbiteriano que trabajo como editor de una revista dedicada a la religiosidad y la salud social. Cf. Anderson, G. C. **Su religión: ¿neurótica o saludable?,** 1970. pp 185-186.

5. Halla la paz de la mente y el alivio del espíritu en el trabajo emprendido y en la compañía de almas semejantes en la comunidad religiosa cuyas luchas y aventuras comparte.

6. Conserva una actitud realista hacia las tribulaciones de la vida. Sabe que no todos sus sueños pueden convertirse en realidad y que el sufrimiento es parte inevitable de la vida y del crecimiento, puesto que el hombre es mortal y falible.

7. Su enfoque del mundo y de la gente que le rodea es esperanzado y expectante, más bien que crítico y negativo.

8. Ha logrado en su interior un sano equilibrio entre la autocrítica y la confianza en sí mismo (en vez de estar orientado totalmente hacia la primera como lo hacen algunas tradiciones cristianas). Sabe que participa del pecado y de la corrupción, que son parte de la condición humana, pero tiene coraje para afirmar su propio valer.

9. Ha desarrollado cierta capacidad para disfrutar del mundo y de la gente.

10. Por encima de todo ha aprendido a entregarse a algo a lo cual valga la pena amar y servir, y así ha encontrado un nuevo yo, con mayores recursos y con mayor comprensión. La salud mental y religiosa consiste en sentirse necesitado y en ser capaz de llenar esa necesidad en alguna medida·

En la medida en que una determinada experiencia religiosa nos aproxime a este ideal de madurez, la podremos considerar auténtica, en la medida en que nos aparte de él, será una experiencia in-auténtica.

El Doctor y Pastor George Christian Anderson, fundador de la Academia de Religión y Salud Mental insiste en que una religiosidad saludable debe proporcionar por lo menos tres enfoques sanos ante la vida: primero debe ayudar a comprendernos mejor a nosotros mismos, a adquirir mayor visión y a desarrollar la autodisciplina. En una palabra, a crecer moral y espiritualmente.

En segundo lugar, una religiosidad saludable debe ayudamos a acrecentar nuestro interés por los demás. Una persona religiosamente sana es sensible a los problemas sociales, particularmente a aquellos que perpetúan las injusticias, crean divisiones entre individuos y grupos y descuidan el bienestar de los necesitados. No quiere decir esto que todos los activistas sociales sean religiosos. Pero no puede uno ser religioso, en su más elevado sentido, sin asumir alguna responsabilidad por la clase de mundo en que vive la gente.

En tercer lugar, si nuestra religiosidad es sana. tendrá un significado trascendente, alguna relación con la finalidad de la vida, llámese Dios o e) Cosmos o la Naturaleza o como sea- Pero llámese como se quiera, la conciencia de una fuerza en la creación, mayor que nosotros, y nuestro reconocimiento de esa fuerza son parte esencial de la religión. Sin este reconocimiento, la vida no parece completa, inteligible, correcta. Es como un arco al que le faltara la piedra que forma la clave[61].

Finalmente, podríamos resumir las características de una persona capaz de experiencia religiosa auténtica, con la acertada síntesis de Anderson sobre la personalidad religiosamente saludable. Basados en ella se podrá apreciar más fácilmente la experiencia religiosa auténtica. Estas son algunas características de una persona religiosa sana. Por ellas, podemos medir nuestra propia salud en el aspecto religioso. El individuo sano goza de seguridad interior; tiene autoestima y un sentimiento de su propio valer, sin sentimientos severos de culpabilidad; es capaz de establecer relaciones de amor, de controlar el resentimiento, de *reír y* divertirse.

---

[61] Cf. Anderson. **Op. Cit**. pp. 187-188

Tiene una actitud realista hacia la sociedad y hacia la vida, sin entretenerse en fantasías, ni correr tras ideales irrealizables. Tiene capacidad para soportar los fracasos y para ajustarse a los placeres y a las penas que la vida trae consigo. Ese individuo sano siente deseos corporales y posee la habilidad para responder a ellos sin abusar y sin sentimientos infundados de culpabilidad; es capaz de apreciarse íntegramente, aun cuando algunos de sus pensamientos y deseos no sean compartidos por los demás. Tiene capacidad de tomar decisiones morales, acordes con claros criterios acerca del bien y del mal, sin caer tampoco en la rigidez de conciencia. Se propone metas y objetivos satisfactorios en la vida; es capaz de aprender de la experiencia, de satisfacer las exigencias importantes de su propio grupo, conservando al mismo tiempo la debida independencia respecto a las opiniones del grupo[62].

2. Experiencia religiosa y condicionamiento psicológico

Vamos a profundizar y sistematizar las opiniones de Gordon Allport acerca de la religiosidad madura. Sus criterios nos ayudaran a comprender la experiencia religiosa auténtica y a diferenciarla de las experiencias inauténticas, inmaduras o talvez enfermizas. Gordon Allport ha contribuido inmensamente a restaurar el equilibrio sobre el puesto de la religión en la vida. Desde entonces ya no es necesario considerarla como el resultado de desviaciones neuróticas ni concebirla, en su forma más elevada, como propiedad exclusiva de místicos superespiritualizados[63].

[62] Ibid. pp. 26-27
[63] Cf. Kennedy. E. 1973. **Fe religiosa y madurez, psicológica**. *Revista Concilium* 81. Tomo 118, pp. 117-123.

Allport distingue entre religiosidad intrínseca y extrínseca; la primera es una religiosidad madura, auténtica; la segunda es inmadura, inauténtica. Allport sugiere que se considere la fe religiosa como algo continuo, cuyos extremos podrían llamarse intrínseco y extrínseco. Allport distingue estos aspectos tomando por religión intrínseca el motivo principal mediante el cual el individuo organiza y comprende todas las experiencias de su vida. Para Allport, la religión intrínseca es una creencia religiosa desarrollada y madura. La religión extrínseca, por el contrario, representa un determinado comportamiento religioso compartimentado y externo, sin raíces en la personalidad del individuo.

Lejos de constituir aquello mediante lo cual la persona juzga sus acciones y dirige su vida, la religión extrínseca es un fenómeno utilitario e instrumental que emplea para cumplir las obligaciones, calmando sus temores, y al cual se agarra para conseguir su salvación particular. Esta es la religión de la persona inmadura y aun no desarrollada; otras actitudes y convicciones suyas corren paralelas a la calidad limitada de su orientación religiosa[64].

Téngase presente que en la terminología de Allport, un sentimiento no es un fenómeno puramente afectivo, sino que se define como una organización de pensamientos y sentimientos dirigidos a un objeto valorado. Un sentimiento es un estilo de existir, una manera de relacionarse con la vida. Por eso creemos que lo que Allport dice sobre el sentimiento religioso lo podemos razonablemente aplicar a la experiencia religiosa.

Los criterios de Allport pueden aplicarse a cualquier religión (budista, hebrea, cristiana). Aquí se ilustrarán con ejemplos y aplicaciones a la

[64] Idem.

religiosidad del cristiano, este autor coloca seis puntos importantes para el reconocimiento del autentico sentimiento religioso.

Primero el sentimiento religioso maduro es ante todo rico, complejo, bien diferenciado. Abarca multitudes de componentes: sentimientos hacía lo divino, hacia el mundo, hacia los hombres, hacia la Iglesia, hacía el bien y el mal, etc. Se contrapone a un sentimiento simplista e indiferenciado que acepta o rechaza en bloque la religión que le fue transmitida o impuesta, sin que medie una reflexión crítica personal. Esos mismos sujetos que aceptan la religión sin reflexión y sin crítica, tienden a reaccionar de manera irreflexiva ante sus padres, ante los problemas políticos, ante las instituciones sociales. Con frecuencia sus sentimientos son uniformemente inmaduros.

Es posible que existan en ellos conflictos reprimidos que dan origen a hostilidad, angustia, prejuicios. Un hijo, psicológicamente maduro, puede respetar y querer a su padre, sin cegarse ante los defectos del mismo, un patriota puede seguir amando a su Patria y aún defendiéndola contra la crítica o contra el invasor, al tiempo que reconoce sus miserias, los defectos de sus compatriotas, los errores de sus políticos y gobernantes, las faltas de su sociedad[65].

Además el sentimiento religioso maduro es dinámico, con un dinamismo autónomo, o sea que tiene su fuerza motivadora en sí mismo, independientemente de las motivaciones orgánicas. Allport aplica aquí su célebre teoría sobre la autonomía funcional de los motivos, según la cual existen motivos en el hombre, cuyo origen depende históricamente de otros motivos inferiores, pero que en la actualidad funcionan, independientemente de ellos, con un dinamismo autónomo. El sentimiento religioso funciona independientemente de los temores, del hambre, de los deseos del cuerpo,

[65] Cf. Allport, G. 1950. **El individuo y su religión**. pp. 12-19

aunque originariamente dichos motivos pudieron influir en la formación del mismo[66].

La distinción más importante entre el sentimiento religioso inmaduro y el maduro consiste en esta diferencia básica de su carácter dinámico. La religión inmadura, en el niño o en el adulto, está impregnada de pensamiento mágico y busca la satisfacción de la propia comodidad; la religión inmadura está al servicio de los motivos, las pulsiones y los deseos corporales. Por el contrario, la religión madura, lejos de ser un siervo al servicio de los impulsos viscerogénicos, es un señor que dirige y controla dichos impulsos, temores y deseos y los dirige hacia una meta superior[67].

Este carácter dinámico explica el poder de la religiosidad auténtica para transformar el carácter y la vida toda de las personas. Dondequiera que toma un papel preponderante, la religiosidad auténtica se manifiesta extraordinariamente penetrante y su influencia abarca un amplio radio de acción. Sólo así se explican las grandes conversiones de un Pablo de Tarso, Agustín de Hipona, Ignacio de Loyola y en nuestros mismos días, de tantos Alcohólicos Anónimos, quienes inútilmente habían luchado por la reestructuración de su personalidad, hasta que finalmente encontraron el apoyo de un sentimiento religioso autónomo, dinámico, regenerador. Pero, a pesar de su dinamismo, el sentimiento religioso maduro no es ni fanático, ni compulsivo, puesto que no brota de las fuerzas oscuras e indiferenciadas del inconsciente, aptas para producir en el sujeto cierta actitud insegura y patológicamente defensiva[68].

En tercer lugar, la religión madura es consistente con sus consecuencias éticas. En la religión inmadura se abre una grieta o un abismo

---

[66] Ídem.
[67] Ibid p 20
[68] Ibid, p 22.

entre los principios y la práctica religiosa; o se presenta una moralidad compartimentalizada en áreas muy irregulares y desiguales. Es el típico caso del ejecutivo piadoso y aún si se quiere mojigato que cumple escrupulosamente con determinados ritos o prescripciones externas, mientras explota a sus obreros inmisericordemente y se muestra sorprendentemente laxo cuando se trata de justificar sus ganancias no siempre bien adquiridas. Piénsese también en ciertas devotas mujeres que multiplican sus prácticas piadosas y los ritualismos religiosos al tiempo que viven bastante liberadas en lo que respecta a su vida conyugal o a sus aventuras extra-conyugales[69].

A la religión auténtica se puede aplicar la frase evangélica: Por sus frutos los conoceréis; el árbol bueno da buenos frutos[70]. Quizás se puedan aducir excepciones históricas, pero es verdad que ordinariamente a un decaimiento religioso, sigue casi siempre un descenso en la moralidad pública y privada y una marea creciente de odios, violencia, crímenes, injusticias, robos, promiscuidad sexual, guerras, divorcios, abortos[71].

La religiosidad madura es además comprensiva, constituye una verdadera filosofía de la vida, a la cual armoniza dándole un sentido. Ni el humanismo, ni la pasión por la ciencia o por el arte, ni la lucha en busca del placer o el dinero, ni la entrega a una causa política como el comunismo, el fascismo o el nazismo, pueden dar este sentido ultimo, unificador a la vida de un hombre. En todas estas causas siempre se abre una pregunta ulterior que no obtiene respuesta. ¿todo esto para qué?.

Este interrogante sólo se satisface en un más allá trascendente, de tipo religioso. La religión, como la filosofía debe responder las preguntas que la ciencia no se atreve a formular; pero, a diferencia de la filosofía, debe

[69] Idem.
[70] Mt 7, 17.20
[71] Cf. Allport, G. **Op. Cit.**. pp. 12-19

también dar una motivación para roda la vida... Aun desde un punto de vista psicológico, vemos que el campo que abarca un interés secular, por vital que sea, no alcanza a cubrir la gama que caracteriza al sentimiento religioso, el cual no parece quedar nunca satisfecho, sino cuando trata de materias centrales a toda la existencia[72].

La religión madura es integral, en cuanto comprende y armoniza todos los detalles de la personalidad. Otros sentimientos importantes, como el artístico, el científico, el político, el económico son menos ambiciosos; pero el sentimiento religioso influye en cada átomo de la experiencia, afectando todas las acciones, los valores, los ideales. Es el marco de referencia de toda la personalidad. Como en un tapete artístico, así en la personalidad no puede quedar ningún hilo sueño. El hombre religioso maduro tiene que saber integrar con su religión los conocimientos de la ciencia moderna, de la biología, la genética, de la psicología y la psiquiatría, de la antropología y la sociología, de la tecnología, de la conquista del espacio. Todos los grandes problemas filosóficos como el de la libertad, la existencia del mal y el sufrimiento de los inocentes, tienen que ser afrontados e integrados. Sin este requisito, el sentimiento religioso no puede ser maduro. Tarea inmensa que dura toda una vida[73].

Finalmente, Allport habla de una religión heurística o sea que busca siempre nuevas confirmaciones y creencias mas válidas; escritores tan distintos como Descartes, Pascal, Newman, James han señalado que la fe espero que toda persona tiene que correrlo; el escepticismo crónico, los pensamientos inhibidores y deprimentes son incompatibles con todo, excepto con una existencia vegetativa[74].

---

[72] Idem.
[73] Cf. Allport, G. **Op. Cit.**. pp. 21-23
[74] Idem.

Hasta aquí los criterios de la religiosidad madura. Pero no cree Allport que toda religión sea madura y esté libre de crítica. La religión inmadura existe. El hecho de alcanzar una cierta edad cronológica de ninguna manera garantiza la madurez de ningún sentimiento. El crecimiento religioso sufre una fijación algunas veces y en este caso el individuo se puede quedar con creencias religiosas infantiles, egocéntricas y supersticiosas.

El sentimiento religioso sufre de un desarrollo estancado, cuando la gente encuentra confortable la religión de su niñez y, como resultado, se resiste a sobrepasarla. Con frecuencia, uno se aterra a la religión de la niñez para preservar las memorias infantiles agradables y para garantizar el confort y el status social. Para tal religión, el enfrentar la ciencia, el sufrimiento y la crítica sería un desafío enorme, quizás insuperable.

Anota Allport que la sociedad no presiona hacia la madurez religiosa tan insistentemente como lo hace en otras áreas de la vida. La religión se considera generalmente como asunto privado y así los individuos pueden quedarse solos en su tipo de religión egocéntrico, mágico y lleno de deseos fantásticos. Como resultado, existen más residuos infantiles en las actitudes religiosas adultas que en ningún otro aspecto de la personalidad.

La mayoría de las críticas contra la religión no las considera Allport dirigidas contra la religión propiamente dicha, sino contra una religión tomadura, contra una religión que no ha crecido más allá del nivel impulsivo de la autogratificación. La religión inmadura se considera como satisfacción, pensamientos dirigidos a la satisfacción de los propios deseos, o como un agente tranquilizador. Permanece autojustificatoria y egocéntrica. Es irrefléxica. No encuentra el contexto supremo en el cual el individuo pueda de manera significativa apoyar su ser[75].

[75] Cf. Fuller, A., 1986. **Psicología y religión: Ocho puntos de vista**. pp. 45-46.

Sin embargo, no todos los aspectos infantiles deben desaparecer en la religión madura. La espontaneidad, la sencillez, la humildad del niño, su máxima capacidad de admiración han caracterizado a todos los grandes genios religiosos de la humanidad. Más aun, son señales de aquella juventud del alma diferente con frecuencia de la juventud cronológica y que muchas personas maduras y aun ancianas saben conservar con frescura envidiable. La humildad, la docilidad ante lo numinoso no están reñidas con un auténtico espíritu maduro y crítico[76].

La experiencia religiosa no solamente puede ser inmadura, sino que también puede revestir características más o menos patológicas. Las posibles manifestaciones de las experiencias religiosas inmaduras o morbosas son innumerables. Debarge hace un buen análisis de los pseudo-sentimientos religiosos e insiste en la necesidad de descubrir el sentimiento religioso verdadero. Un enfoque negativo de la religión puede manifestarse de muchas maneras, un dogmatismo rígido y compulsivo, la intolerancia de quien se cree mejor que los demás, una insaciable necesidad de seguridad, el ritualismo obsesivo, el temor al pecado imperdonable y la dependencia regresiva, son actitudes religiosas inmaduras[77].

Las siguientes son algunas manifestaciones concretas de esta religiosidad:

a) Un falso concepto de Dios y una religión excesivamente negativa, debida a mala formación religiosa: un Dios castigador, disciplinario, vengador; una práctica religiosa y moral basada en el temor, las prohibiciones, el castigo, el pecado, la condenación, etc. Nuestro concepto de Dios está ligado a nuestra salud emocional. Si somos emocionalmente enfermos, hay una buena probabilidad de que nuestro concepto de Dios

[76] Cf. Debarge, **Op. Cit**. Cap. II, pp. 49-75.
[77] Ídem.

también sea enfermizo. En efecto, lo que una persona cree acerca de Dios es un índice de su salud mental[78].

b) Egocentrismo, una religión inmadura puede manifestarse en actitudes egocéntricas: El niño es el ser egocéntrico por excelencia- Una de las manifestaciones de inmadurez religiosa más frecuente en el adulto es su preocupación demasiado centrada en sí mismo. La oración puede convertirse exclusiva o principalmente en un medio de obtener favores de Dios, a quien se considera en la práctica como una especie de padre complaciente y bonachón. Al discutir estas ideas en un reciente seminario con un grupo de universitarios colombianos, con sorpresa de los participantes, el grupo llegó a la conclusión de que gran parte de ellos estaban fijados en estas etapas de religiosidad infantil, colindante con la magia.

c) Magia y ritualismo. Hay personas muy maduras, que saben conjugar admirablemente una religiosidad muy sólida y profunda con una sencillez, humildad y espontaneidad admirables en su vida de oración. Pero una religiosidad inmadura fácilmente puede degenerar en ritualismos vacíos de sentido y en la utilización de la religión como medio mágico para obtener favores de Dios en provecho propio.

Fue un gran acierto del Episcopado Latinoamericano reivindicar los auténticos valores de la religiosidad de nuestros pueblos, Pero el Documento de Puebla también nos previene contra algunos peligros de la religiosidad popular, contra los cuales no estamos inmunes las personas consagradas: superstición, magia, fatalismo, idolatría del poder, fetichismo y ritualismo[79].

d) Sentimientos morbosos de culpabilidad, que hacen sufrir muy cruelmente a algunas personas, indican con frecuencia una personalidad más o menos escrupulosa, ya que la escrupulosidad admite grados muy diversos.

---

[78] Cf. Anderson, **Op. Cit.**, p 50
[79] **Puebla** 457

Son frecuentes profundos sentimientos de rabia y agresividad, que brotan del sentimiento de culpa; también los fenómenos obsesivo-compulsivos y sobre todo una atormentadora y cruel angustia. El escrupuloso necesita más que nadie de un enfoque positivo de la religión; una relación filial con Dios Padre bueno y rico en misericordia; un director espiritual sabio, comprensivo y firme; y, si es el caso, la ayuda profesional de un psicólogo competente[80].

e) Ciertas tendencias masoquistas pueden disfrazarse bajo apariencias de santidad. El masoquismo es una neurosis que toma la forma de una insaciable necesidad de castigarse a sí mismo[81]. Tendencias masoquistas pueden darse en la persona que se siente escogida por Dios como víctima para reparar los pecados del mundo o las faltes de una persona amada. Esta actitud de mártir, puede agostar la planta de la alegría con que Dios quiere que se viva la vida consagrada. Ciertas penitencias, ayunos y mortificaciones imprudentemente practicados, contra la opinión del director espiritual o del superior, pueden ser señales de alarma: Impulsos agobiadores por ser moralmente perfectos, o sentimientos excesivos de culpa, pueden encubrir tipos serios de desórdenes emocionales ocultos, inclusive de problemas sexuales[82].

f) Actitudes y manifestaciones de emocionalismo incontrolado en las prácticas religiosas, especialmente multitudinarias, son explicables como un fenómeno de sugestión de masas o de histeria colectiva. La persona excesivamente sugestionable, tiene en el campo religioso un terreno abonado para dar rienda suelta a su credulidad que lo hace tomarse por objeto de falsos fenómenos místicos, curaciones milagrosas, revelaciones, apariciones, carismas especiales, que por ignorancia y de buena fe, pueden atribuirse ligeramente al Espíritu Santo.

---

[80] Cf. Vaugham, R.P. 1962. **La Enfermedad Mental y Vida religiosa**, p 123
[81] Ibíd., p 124
[82] Cf. Anderson, **Op. Cit.**, p 16

g) Aislamiento: la oración y las prácticas religiosas pueden utilizarse como mecanismos de escape para huir de la gente, para aislarse de la comunidad, para encerrarse en una actitud egoísta o rehuir el trabajo y la entrega apostólica. Se podría caer en la actitud neurótico a huir lejos de la gente[83].

h) Mencionemos finalmente el peligro de utilitarismo, o sea el utilizar la religión y abusar de la religiosidad ajena en provecho propio. Se convertiría la religión en un instrumento de poder personal, de dominio sobre los demás, de enriquecimiento, de adulación a los ricos y poderosos, de culto a una autoimagen engreída y orgullosa. Este pulpo del utilitarismo puede extender sus tentáculos maléficos hasta la manipulación de los demás con presiones indebidas en el terreno sagrado de la conciencia.

III. ESPIRITUALIDAD, ORACIÓN Y PSICOLOGÍA

La historia natural de la religiosidad examina los intentos de explicar la región remontándose a la prehistoria de la humanidad. En la teoría de los arquetipos de Jung se puede advertir cierta sugestión ante las tesis teológicas platónicas. Los arquetipos tienen su origen en ciertas funciones estructurales del alma y se manifiestan con unas huellas constantes sobre materiales de experiencia diversos: los símbolos. En los símbolos el arquetipo informante prevalece sobre la materia que ofrece la experiencia vivida; la multiplicidad de los símbolos no se debe a las variaciones de una imagen de base, sino que puede reducirse a los arquetipos gracias a una comunidad constante de intención o de significado.

[83] Cf. Horney, K. 1969. **La Personalidad neurótica de nuestro tiempo**, p 11

El desorden psíquico se originaría según Jung por obra de unas circunstancias que no permitirían a los arquetipos, estructuras intrínsecas del alma, expresarse a través de la materia empírica en símbolos adecuados. La teoría de los símbolos tiene como terreno de verificación todo el material religioso y artístico que se ha obtenido del estudio de los primitivos, en donde es constante la presencia de una referencia a unas fuerzas situadas fuera del ámbito sensorial.

Remontándose hasta las épocas más antiguas en busca de los orígenes religiosos se impone la interpretación del mito; el primer hombre no es objeto de la ciencia, sino de la mitología, la cual es afirmación de una gran realidad primitiva. Un breve examen de las principales posiciones asumidas por el pensamiento respecto al mito muestra la rehabilitación que han hecho de él los románticos frente a las interpretaciones ilustradas y el carácter de preámbulo del saber que le atribuyeron Hegel y Comte. J.J. Bachofen en 1897 reivindicó para el mito un contenido histórico remoto y su propuesta ha encontrado un gran apoyo entre los eruditos que seguían orientaciones diversas: E. Dacquc. Malinowski, Frobenius, Cassirer, Guardini, Jensen, Eliade, C. G. Jung. Junto con Kerényi, Jung ve en los mitos símbolos de arquetipos psicológicos que como si fueran unas "ideas en esbozo" tienen la función de ser principios guía en la vida de la sociedad primitiva, donde estaría todavía ausente el pensar lógico[84].

En la perspectiva sociológica la concepción de Durkheim, que veía en el mito unos intentos inadecuados para comprender la realidad, fue desarrollada por L. Lévy-Bruhl que, después de haber insistido en el carácter prelógico de la mentalidad primitiva, confesó finalmente la posibilidad de que el mito tuviera un carácter interpretativo, admitiendo una lógica que habría actuado a través de una elevada carga emotiva. En efecto, lejos de ser incapaz

[84] Cf. Zavalloni, R. **Nuevo Diccionario de Espiritualidad.** 1979, p 1306.

de captar la distinción entre la realidad y la fantasía, el primitivo demuestra en su actividad fabril que sabe adherirse con bastante concreción a la experiencia sensorial; se advierte más bien en él un enorme desarrollo del sentir respecto al conocer; su actitud ante el mundo es una actitud mística, afectiva, religiosa, que se dispone a lo largo de una amplia gama de emociones. La mayor valoración del pensamiento primitivo es la que ha expresado recientemente C. Lévi-Strauss[85] atribuyéndole una capacidad práctica y una estructura incluso sistemática; en el totemismo las imágenes de los seres vivos serían signos de conceptos propios y verdaderos y se tendría entonces un lenguaje lógico-conceptual. La tesis de Lévi-Strauss nos lleva incluso a una inversión de la visión corriente que considera el mito eminentemente como momento emotivo.

También H. Frankfort ve en el mito cierta lógica[86] que concede escasa importancia a la realidad objetiva; el primitivo tiende siempre a personalizar las causas, no se contenta con una causalidad eficiente física, sino que busca la causa final y última en una voluntad responsable, interesándose poco por las vinculaciones causales intermedias y secundarias. Sustancialmente en el mito el hombre no se encuentra con la naturaleza como si se tratara de un mecanismo hostil o por lo menos indiferente, sino como si fuera un ser con el que se siente íntimamente relacionado; no como una cosa en contraste con su persona, sino como una persona frente a la suya, como un tú frente a un yo. Su pensamiento es un pensamiento genuino, que desborda el lado empírico y encuentra su sistematización en formas que parecen contradictorios al

[85] En especial referencia su obra de 1962, El pensamiento Salvaje, en referencia a la estructura arraigada en la versión revolucionaria de la década que salía de los cincuenta.
[86] Aunque dominada por fuerces "actos emotivos" y realizada dentro de una mentalidad más metafísica que física.

pensamiento del hombre actual, pero que expresan admirablemente sus exigencias y por tamo su naturaleza[87].

Por consiguiente, no es atrevido concluir que los mitos demuestran una actitud de autoafirmación y de participación, de existencia y de compromiso, que es característico de las actividades religiosas. El mito goza de una plenitud de visión que falta en el fragmentarismo perceptivo y en el mecanismo de la ciencia, aunque parezca extraviarse en medio de una tabulación. La tabulación por otra parte, según Bergson, surge inevitablemente cuando la ciencia no sabe llegar a una explicación final. Incluso nuestra edad científica tiene sus mitos: el progreso, la ciencia, la justicia social, etcétera. La misma cientificidad de Freud es en definitiva un mito, que se basa más bien en intuiciones que en conceptos.

También está llena de interés la relación que se da entre mito y religión y que Bergson considera en franca oposición en cuanto que pertenecen respectivamente a la religión estática y a la religión dinámica[88]. También Cassirer y Malinowski ven una natural integración y compenetración entre el mito y la religión. Si entendemos el término mito en sentido propio no es posible negar que esta presente en toda religiosidad viva.

Al lado del mito ocupa un papel importante en la mentalidad primitiva la magia, que se distingue del mito por su carácter pragmático y de la religión por una intención egoísta en la que el hombre no busca una relación personal con lo transcendente, sino que busca en él solamente un instrumento para su propio poder[89]. Frazer había propuesto la hipótesis de que la religión se derivaba de la magia; pero de hecho la religión tiende a combatir la magia y

[87] Cf. Zavalloni, R. **Op. Cit.,** p 1308

[88] Jensen ha intentado oportunamente atenuar esta oposición distinguiendo entre una fase de expresión y otra fase de utilización del mito

[89] y esta característica acerca un poco la magia a la ciencia, aunque la falta de una estructura conceptual no permita un paralelismo auténtico

cuando la absorbe dentro de sí la priva de su carácter egoísta haciendo de ella más bien un instrumento para intentar un contacto directo con el Ser superior. La apelación al más allá de lo humano, que es común al mito y a la magia, induce a la consideración de la distinción entre lo profano y lo sagrado; se recordará la tesis de lo sagrado como "misterio fascinante" que desarrolló R. Otto y el estudio de M. Eliade sobre las hierofanías[90].

Hoy, en la edad de la ciencia, parece como si hubiera desaparecido lo sagrado, pero en realidad tanto lo sagrado como la magia vuelven a asomar bajo nuevas formas; el mesianismo, por ejemplo, no se ha apagado y la llegada de un orden nuevo es el alma de toda empresa revolucionaria.

El tótem y el tabú son dos figuras muy conocidas de la religiosidad primitiva[91]. El hecho religioso presenta a veces un aspecto desconcertante de violencia: orgiasmo, sacrificios humanos, guerras, etcétera; y se palpa la insuficiencia de la justificación queintentó Jensen, al intentar ver en estas manifestaciones inmorales la adhesión a una vida según un orden superior, Es más bien necesario que la conducta humana sea orientada por la inteligencia (la cual, desde luego, no debe confundirse con una visión utilitarista). También los limites de la prohibición (tabú) resultan arbitrarios a nuestros ojos, lo mismo que los límites políticos de los estados; sin embargo, lo mismo que ellos, suponen una larga y compleja génesis histórica que es preciso descubrir de nuevo para poderlos comprender. Cassirer describe el fatigoso camino que llevó a la humanidad a liberarse de las prohibiciones religiosas; sin embargo, hay que observar que los tabúes no han desaparecido todavía de la vida social[92].

---

[90] Cf. Zavalloni, R. **Op. Cit.**, p 1310
[91] Ibíd., p 1312
[92] Cf. Zavalloni, R. **Op. Cit.**, p 1313

Una última observación sobre lo sagrado se refiere a la sexualidad, que para los primitivos tiene siempre un carácter religioso porque demuestra una intervención directa de la divinidad en el mundo y ha tenido siempre un alcance cósmico; Havelock Ellis y D H. Lawrence han revalorizado esta sacralidad del sexo, que Feud un supo ver. Bastará recordar a este propósito cómo entre los animales la sexualidad está privada de aquella carga psíquica positiva y negativa que domina al hombre[93].

La presencia continua de la religiosidad en las formas del mito, de la magia y hasta de la violencia nos lleva a considerarla como una dimensión primaria de la naturaleza humana[94].

1. Perspectivas de la espiritualidad cristiana

Principio constitutivo fundante de la identidad cristiana es lo que comunmente se ha llamado la Espiritualidad. Está fuera de discusión de que en ello radica el corazón del ser cristiano. Con todo es necesario clarificar, dada su importancia trascendental, qué entendemos por Espiritualidad cristiana, cuál es su principio de unidad y qué elementos la conforman[95].

Partimos del hecho de que las palabras "espíritu" y "espiritualidad" son palabras que, desde el punto de vista de su evolución semántica, presentan ciertas ambigüedades o pluralidad de sentidos.

Etimológicamente la palabra "espiritualidad" deriva de "espiritu". En la mentalidad común y corriente, el espíritu se diferencia y hasta se opone a la materia. Una visión antropológica, derivada del pensamiento griego, planteó

[93] Ídem.
[94] Ibíd., p 1314
[95] Castillo, José María y Estrada, Juan; 1987. **El Proyecto de Jesús**, pp 23-35.

una concepción dualista de la persona humana y del mundo: materia-espíritu; cuerpo-alma; tiempo-eternidad; naturaleza-gracia; tierra-cielo. Los dos elementos no sólo se distinguían sino que se contraponían: la salvación, la santidad y espiritualidad cristianas se referían al orden de la gracia, del espíritu, del alma, del cielo, de la eternidad, quedando en un segundo plano, cuando no opuestos, los aspectos materiales, terrenales y temporales. Se planteaba así como exigencias de la espiritualidad, la "fuga saeculi", la mortificación del cuerpo; se afirmaba que "lo que no es eterno no es nada" "cuánto más me acerco a las creaturas, más me alejo de Dios".

Estoa conceptos de espíritu y espiritualidad, como realidades opuestas a lo material, temporal y corporal, marcan por siglos cierto tipo y modelo de santidad y estuvo a la raíz de diversas formas de espiritualismos desencarnados, despreocupados de los problemas de los grupos humanos, desinteresados de las mayores preocupaciones y conflictos que atañen a la humanidad.

Esta comprensión y vivencia de lo espiritual, aunque penetró por mucho tiempo en la mentalidad y prácticas cristianas, es ajena al pensamiento ancestral de la Biblia, a la lengua hebrea, y al mundo cultural semita que no entienden así el espíritu y lo espiritual. En el pensamiento bíblico, el espíritu no se opone a la materia, ni al cuerpo se contrapone a la muerte (la fragilidad de lo que está destinado a la muerte); se opone al legalismo (en cuanto imposición, miedo, formalismo vacío): "La letra mata pero el espíritu vivifica"

En este contexto semántico, espíritu significa vida, libertad, fuerza, dinamismo, autenticidad. El espíritu no es algo que esta fuera y opuesto a la materia o al cuerpo, fuera y opuesto a la realidad o a la historia, sino algo que está dentro; es lo interior y profundo que habita la materia, el cuerpo, la realidad y la historia, dándoles vida, haciendo que sean lo que son, llenándolos de fuerza, de vitalidad, que los impele y lanza al crecimiento, a la creatividad con ímpetu de libertad.

En hebreo la palabra espíritu, ruah, y en griego la palabra pneuma, significan viento, respiración, hálito. El espíritu es como el viento: ligero y potente, libre, envolvente, impredecible, impetuoso; es como el aliento en la persona que respira y se oxigena para poder continuar viva. Es como el hálito de la respiración: quien respira está vivo, quien deja de respirar, muere. El espíritu es, entonces, el principio vital de las personas, generador y signo de vida; es como el fuego incandescente, abrasador, que transforma.

Desde este concepto antropológico se va a construir y expresar la espiritualidad bíblica y cristiana.

Por esta razón se ha abandonado cada vez más la concepción griega de espíritu y de espiritualidad para aproximarnos siempre más al sentido semita y bíblico del espíritu, superando, de esta manera toda visión dicotómica y espiritualista de la vida cristiana, de la "vida según el espíritu".

Superada la visión dualista y dicotómica de la persona y asumiendo una comprensión antropológica más unitaria y profunda, propia del mundo bíblico, podemos, en una primera aproximación, decir que el espíritu de una persona es lo más profundo de su ser: las motivaciones últimas, sus ideales, la utopía que inspira su vida, la pasión y mística por las cuales vive y lucha y con las cuales es capaz de contagiar a otros: es como el principio vital que lo mueve, lo impulsa desde dentro.

Esta comprensión de espíritu y de espiritualidad nos abre un horizonte macro-ecuménico, ya que toda persona que tiene unas razones muy hondas para vivir, que tiene motivaciones muy profunda; que le dan sentido a su existencia, cuando tiene una causa noble en bien de los demás y se plantea una utopía movilizadora, podemos afirmar, sin la menor resistencia, que posee una espiritualidad muy profunda, aunque no sea la nuestra, aunque no sea explícita y conscientemente la espiritualidad cristiana. Por otra parle, desde una lectura de fe basada en la palabra de Dios, esa espiritualidad es, en su origen, una moción del Espíritu de Dios, presente en toda la creación y en lo más intimo de todo ser humano renovando la faz de la tierra.

Cuanto liemos dicho nos lleva a dar un paso más en este camino de comprensión de la espiritualidad.

Toda persona que está animada por uno u otro espíritu, está marcada por una u otra espiritualidad, porque la persona humana es un ser fundamentalmente espiritual. En sí misma es un misterio, cuyo sentido de la vida se presenta como un desafío e interpelación constantes- Todo ser humano, si quiere vivir auténticamente, tiene que plantearse en un momento de su vida, como lo propone Adela Cortina, estas preguntas: ¿Qué es, cómo es una vida digna de ser vivida? ¿Qué es, cómo es una vida que vale fa pena vivirse?[96]

Afirmar que el ser humano es un "ser espiritual" significa que el hombre y la mujer son algo más, mucho más, que su "existencia y vida biológicas", que en ellos hay una cualidad de vida superior a la de un simple animal o ser material. Ese algo más, esa realidad, profunda, misteriosa, pero real, reconocida y afirmada en tantas corrientes filosóficas o antropológicas y religiosas es lo que designamos como espíritu y espiritualidad.

El espíritu es, pues, la realidad más profunda del ser humano en búsqueda de sentido, sin la cual no podría hablarse de persona humana.

Toda persona, de una u otra manera, deberá optar por un punto fundamental de referencia sobre el cual construir su existencia y articular todas sus elecciones y su toma de posición frente a la realidad y a la historia,

[96] Cortina, Adela, 2001. **La vida vivida éticamente**. En revista Vida Nueva, 24 de marzo, p 31.

el cual viene a ser como el faro, la brújula, el mapa de navegación de su vida. Es lo que se llama la opción fundamental, y en ella aparece la dimensión religiosa de la vida, porque en esa opción fundamental la persona define el valor que coloca en el centro de su vida, que inspira y orienta la totalidad de su existencia y de sus elecciones, y cuál es su punto absoluto de referencia, cuál es su Dios o su dios.

Esta religiosidad profunda coincide con lo que hemos llamado espíritu o espiritualidad.

2. Espiritualidad, oración y vida

La oración cristiana es siempre plegaria de comunión y camino eclesial. Todo cristiano que ora es la voz de Cristo que ora en su Iglesia y en la humanidad. El "Padre nuestro" comienza a ser realidad en el corazón de cada creyente, cuando éste se abre a todo el dinamismo contemplativo y misionero de la oración que nos enseñó el Señor. "Dios es glorificado plenamente desde el momento en que los hombres reciben plena y conscientemente la obra salvadora de Dios, que completó en Cristo. Así, finalmente, se cumple en realidad el designio del Creador, quien creó al hombre a su imagen y semejanza, pues todos los que participan de la naturaleza humana, regenerados en Cristo por el Espíritu Santo, contemplando unánimemente la gloria de Dios, podrán decir: "Padre nuestro"[97].

La actitud filial y fraterna de la oración cristiana se hace verdaderamente "contemplativa" cuando es sintonía con los planes salvíficos

[97] Decreto Conciliar Ad Gentes, n 7

de Dios: "Os anunciamos lo que hemos visto y oído... el Verbo de la vida"[98]. La oración contemplativa, por su misma naturaleza, es y tiende a ser cada vez más "eclesial": "Ser el amor en el corazón de mi madre la Iglesia"[99], como "preocupación por todas las Iglesias"[100]. La oración cristiana es siempre camino fraterno hacia Dios con toda la humanidad.

La oración en grupo o comunidad es un signo eficaz y un estímulo de esta realidad de comunión eclesial: "Donde están dos o tres reunidos en mi nombre, allí estoy en medio de ellos"[101]. Puede ser el hecho de encontrarse en "espíritu" de familia para la oración "privada" (como es el caso de la meditación o de la visita eucarística), y puede ser también la oración compartida como parte integrante de la vida cristiana:

Algunos grupos eclesiales comparten la oración a partir de la palabra de Dios, para iluminar los acontecimientos y asumir compromisos de renovación y de acción; ver, Juzgar, actuar. Es un análisis cristiano de la realidad histórica (a modo de relectura de la palabra) que lleva necesariamente al diálogo con Dios para profundizar su palabra, exponer ante él la propia realidad con confianza, pedir luces y gracias para saber reaccionar según el amor en la vida personal, comunitaria y social.

La oración de los salmos recoge la plegaria comunitaria del camino de todo el Pueblo de Dios durante milenios. Es, pues, una expresión privilegiada de la oración de la comunidad eclesial y, al mismo tiempo, una escuela para aprender a "orar" la vida a la luz de la palabra de Dios, La oración sálmica asume los acontecimientos de la vida para convertirlos en diálogo con Dios y en compromiso de servicio a los hermanos. Cada persona, cada creatura, cada

---

[98] 1 Jn l,1 ss

[99] *Santa Teresa de Lisieux* citada por Esquerda Bifer **Experiencia de Dios**, 1976, p 8

[100] 2 Cor 11,28

[101] Mt 18,20

momento histórico se convierte en alabanza, adoración, gratitud, petición[102]. Es la oración de una comunidad eclesial en camino, con Cristo y en el Espíritu hacia el Padre.

La oración comunitaria por excelencia es la oración litúrgica, especialmente la celebración eucarística. En ella se prolonga la oración de Cristo conjuntamente con su palabra, su misterio pascual, su presencia salvífica. La celebración litúrgica, sí se realiza en la caridad, es la máxima expresión de la comunión eclesial; "La liturgia es la cumbre a la cual tiende la actividad de la Iglesia y, al mismo tiempo, la fuente de donde mana toda su fuerza. Pues los trabajos apostólicos se ordenan a que, una vez hechos hijos de Dios por la fe y el bautismo, todos se reúnan, alaben a Dios en medio de la Iglesia, participen en el sacrificio y coman la cena del Señor"[103].

El tono de esta oración de peregrino se sostiene con la celebración del domingo o día del Señor, como actualización permanente de la Pascua. La relación personal con Dios (oración y culto), la convivencia fraterna y la alegría de la fiesta hacen redescubrir la vida como camino pascual en la esperanza gozosa y dolorosa: "La Iglesia, por una tradición apostólica que trae su origen del mismo día de la resurrección de Cristo, celebra el misterio pascual cada ocho días, en el día que es llamado con razón "día del Señor" o domingo. En este día los fíeles deben reunirse a fin de que, escuchando la palabra de Dios y participando en la eucaristía, recuerden la pasión, la resurrección y la gloria del Señor Jesús y den gracias a Dios, que los hizo renacer a la viva esperanza por la resurrección de Jesucristo de entre los muertos[104]. Por esto, el domingo es la fiesta primordial, que debe presentarse

---

[102] Cf. Pardo, A. **Orar con los salmos**. 1985, p 25
[103] Constitución Conciliar Sacrosanctum Concilium n 10.
[104] 1 Pe 1,3

e inculcarse a la piedad de los fieles de modo que sea también día de alegría y de liberación del trabajo"[105].

Laico o seglar es el cristiano llamado a ser santo y apóstol en las estructuras humanas a modo de fermento, es decir, "en el corazón del mundo"[106]. "A los laicos corresponde, por propia vocación, tratar de obtener el Reino de Dios gestionando los asuntos temporales y ordenándolos según Dios... Viven en el mundo... Allí están llamados por Dios, para que, desempeñando su propia profesión, guiados por el espíritu evangélico, contribuyan a la santificación del mundo como desde dentro, a modo de fermento"[107].

Ninguna vocación o estado de vida puede rebajar el ideal evangélico de las bienaventuranzas. Las diversas vocaciones matizan el camino hacia la misma santidad o perfección y disponen a la misma misión como prolongación de la misión de Jesús. Al laico le corresponde ser Iglesia desde la raíz de las realidades temporales.

Con estos matices de espiritualidad y de apostolado, el laico camina por el sendero de la fe, la esperanza y la caridad, para ser transparencia del evangelio en medio del mundo. "El apostolado se ejercita en la fe, en la esperanza y en la caridad, que el Espíritu Santo difunde en el corazón de todos los hijos de la Iglesia"[108].

Las realidades o asuntos temporales abarcan las circunstancias humanas geográficas, históricas, culturales y sociales. Es el conjunto de cosas que constituyen la "sociedad", el "orden temporal", la "ciudad terrena". El laico colabora con los demás hombres en todo el ambiente humano,

---

[105] Constitución Conciliar Sacrosanctum Concilium n 106.
[106] Exhortación Apostólica Evangelli Nuntiandi, n 70
[107] Constitución conciliar Lumen Gentium n 31
[108] Decreto conciliar Apostolicam Actuositatem n 3

enraizándose en la cultura y en el destino del propio pueblo desde todas las perspectivas. De este modo continúa la creación y se asocia a la redención de Cristo, haciendo que la acción santificadora del Espíritu Santo impregne las realidades desde dentro.

Con esta línea de "secularidad, de fermento evangélico y de responsabilidad peculiar en la comunión y misión de la Iglesia, el laico llega con una gracia especial de Dios a los diversos niveles de la vida, a los que también llegan de otro modo las demás vocaciones como integrándose entre sí, en la vida social, política y económica, nacional e internacional, también cuando se trata de "opciones" o campos opinables, para colaborar en la construcción de la justicia y de la paz.

Esta espiritualidad laical se desarrolla en los diversos niveles de la vida y de la acción eclesial: profetismo, sacerdocio, realeza. "Los fieles, en cuanto incorporados a Cristo por el bautismo, integrados al Pueblo de Dios y hechos partícipes, a su modo, de la función sacerdotal, profética y real de Cristo, ejercen en la Iglesia y en el mundo la misión de todo el pueblo cristiano en la parte que a ellos corresponde"[109].

En el estado de vida laical, los fieles pueden, pues, conseguir el cometido de la llamada a la santidad y a la misión: "Por tanto, todos los fieles cristianos, en las condiciones, ocupaciones o circunstancias de su vida, y a través de todo eso, se santificarán más cada día si lo aceptan todo con fe de la mano del Padre celestial y colaboran con la voluntad divina, haciendo manifiesta a todos, incluso en su dedicación a las tareas temporales, la caridad con que Dios amó al mundo"[110].

La actitud de fidelidad cristiana a la perfección cristiana, hará del laico un apóstol responsable del verdadero desarrollo humano. "El desarrollo debe

[109] Constitución conciliar Lumen Gentium n 31
[110] Constitución conciliar Lumen Gentium n 41

realizar en el marco de la solidaridad y de la libertad, sin sacrificar nunca la una a la otra bajo ningún pretexto. En otras palabras, el verdadero desarrollo debe fundarse en el amor a Dios y al prójimo, y favorecer las relaciones entre los individuos y las sociedades. Esta es la 'civilización del amor', de la que hablaba con frecuencia el Papa Pablo VI"[111].

3. Oración y psicología

La oración puede cambiar su vida en cualquier tiempo, en cualquier lugar y en cualquier edad. Puede curar las enfermedades, renovar mente y cuerpo, calmar las tempestades del vivir cotidiano superando el miedo y el dolor que se levantan amenazadores y aun las lloviznas que sobrevienen a diario en las relaciones humanas y que constantemente agitan nuestra barca y nos hacen mirar al mundo a través de una niebla deformante.

Estas no son palabras dulces ni filosofía sentimental. He probado esta verdad en mí propia experiencia personal más allá de las sombras de la duda. Puedo afirmar con autoridad que, si alguien coloca su existir en la sencilla mirada de dios también puede comprobar la vida espiritual de la oración. La ayuda que se pueda lograr mediante la oración tan sólo depende de la capacidad de la copa que se presente para que sea llenada.

Puede reafirmarse que, en condiciones de estricto rigor científico, lejos del incienso o de cualquier fuerte sugestión emocional, se han visto resultados benéficos. En el ambiente investigativo de clase se han realizado experiencias acerca de la oración, en condiciones que satisfacen todas las exigencias del hombre científico moderno.

[111] Encíclica Sollicitudo Rei Socialis, n 33.

Nuestras investigaciones han dado como resultado una clave ésta descubre el acceso a técnicas específicas, y mediante estas técnicas se pueden probar que la oración no es simplemente un suplemento para otras formas, de tratamiento, si una especie de muleta que da apoyo y valor, sino que puede ser el instrumento más importante en la reconstrucción y rehabilitación de una personalidad. Traduciendo sencillamente este lenguaje académico podemos decirlo una vez más: "La oración puede cambiar la vida."

Durante los últimos años se han probado como señalan los libros de oración que la oración puede producir una renovación, un renacimiento, que los hombres y mujeres pueden "convertir en hermosura las cenizas", liberarse de los temores, la depresión, el abatimiento y las dificultades conyugales. Hemos presenciado curaciones físicas dramáticas en que el tartamudeo, la artritis, los continuos dolores de cabeza, la presión arterial alta, han cedido ante el poder de la oración. Un profesor retirado a causa de la tuberculosis, pudo volver a enseñar. Una mujer, que había sido sometida a una intervención quirúrgica cerebral, debido a los ataques epilépticos que padecía, encontró una completa liberación en el transcurso de momentos de oración.

Aún más alentador que estas mejorías espectaculares es la paulatina adaptación a la vida, logrando disfrutar de una "vida más abundante", de una alegría y una paz precisamente allí donde se está, y esto en individuos que estaban convencidos de que sólo cien millones de bolívares, la desaparición de la suegra, un nuevo esposo, o un tratamiento turístico, podían hacer de sus vidas una experiencia realmente satisfactoria.

Para aquellos que fueron liberados de angustias y temores nerviosos, parecía milagroso descubrir que el reino de los cielos está exactamente donde Jesús de Nazaret dijo que se hallaba: dentro de nosotros mismos. Nuestra clave devuelve a cada hombre el poder de disfrutar su propia vida, liberándolo de la tensión y frustración que implica el tener constantemente qué pedir a alguien afuera que le otorgue la propia felicidad.

Si una persona ora y no experimenta el correspondiente aumento en lo referente a alegría, paz y aprecio por la vida, es que usted ora inadecuadamente. De esto nosotros llegamos a convencernos, sin ninguna autocondenación, cuando investigando y analizando la realidad, esta nos proporcionó fuertes indicaciones de que lo mismo puede decirse sinceramente de gran parte del mundo cristiano. El poder de la oración se ha mantenido constante en los últimos 2000 años. Jesús de Nazaree, la persona que ha orado con más fuerza y que es reconocido como Maestro por todos los cristianos, estableció ciertas reglas y principios acerca de la oración. El afirmó que siguiéndolo se obtendrían determinados resultados. Una vida más abundante, una paz que supera todo entendimiento, una salud, una integridad, una plenitud de gozo, un amor perdurable.

Conclusión

Los psicólogos suelen distinguir de ordinario entre realidad subjetiva y objetiva; se basan en los hechos objetivos como conocidos para una multitud; pero el hecho bruto dice por sí mismo muy poco; hay que interpretarlo. Y aquí es donde surgen de nuevo las dificultades.

Por otra parte, algunos acontecimientos ilusorios tienen una eficacia psíquica muy poderosa. Efectivamente, el psicólogo no está en disposición de llegar a establecer si hay una realidad distinta de la realidad psíquica; ha de limitarse a establecer cómo se construye lo real en la realidad psíquica.

Frente a la religión el psicólogo empieza declarando que desea reducirse a los hechos psíquicos, pero acaba concluyendo que, como no es lícito señalar unas causas transcendentes a los hechos psíquicos, la religión es falsa, o bien una ilusión, o bien un aprendizaje socialmente condicionado.

Evidentemente es lícito preguntarse si realmente no existe nada más allá de los hechos que conoce el psicólogo. Es preciso proponer de nuevo la pregunta sobre la realidad de los hechos psíquicos.

Si alguno sostuviera una postura idealista en la que el contenido psíquico fuese producto del acto, seria difícil demostrar perfectamente lo opuesto; sin embargo, es evidente una influencia de la situación sobre el estado subjetivo; existe una coherencia entre el sujeto y el objeto.

La discusión sobre la idea de Dios entre el psicólogo y el teólogo podría resumirse en una dramática pregunta ¿Es Moisés el que tiene razón o es Jenófanes? ¿Hizo Dios al hombre a su imagen o es más bien el hombre el que ha hecho a Dios a la suya?. El psicólogo está con Jenófanes: Dios es una proyección de la psique humana, que después de haber sido producida tiene que quedar abolida para no interrumpir el progreso hacia una relativa felicidad. El teólogo responde que a su vez el hombre expresa el rostro auténtico de Dios del que está informada su alma, aunque sea sobre un material histórico-empírico.

Mientras que el teólogo se coloca en d plano de la idea, el psicólogo considera el cómo, la génesis de esa idea a partir de algo distinto de ella. Con ayuda de diversos ejemplos relativos a la investigación geométrica se puede poner de relieve la distinción entre el plano de la génesis psicológica y el plano de la intencionalidad ideal de la teología; a ésta no le interesa cómo se ha manifestado una idea o un principio, sino qué es lo que vale y lo que dice en sí mismo.

La investigación en sus diversas fases ha señalado los caracteres de la religiosidad y ha puesto de manifiesto su existencia y sus exigencias; sin embargo, la psicología no está todavía en disposición de pasar a hacer afirmaciones en torno a la religión, ya que la raíz del fenómeno religioso puede haber ciertos acontecimientos y realidades diferentes que no está en las facultades de la psicología ni demostrar ni discutir. Hay que recordar la distinción entre juicio de existencia y juicio de valor; este último en lo que atañe a la religión no está en manos de la psicología.

Hay que hacer una segunda observación a propósito de la tendencia de la psicología contemporánea a buscar una descripción de la religiosidad privada del elemento racional; hay que denunciar como peligrosa y como impropia esa renuncia inicial a la búsqueda de estructuras racionales en el hecho religioso.

El hecho religioso se caracteriza precisamente por una situación psíquica que no guarda relación alguna con los datos sensoriales, sino que atribuye una realidad objetiva superior a algo que no es sensible. Este elemento objetivo se asume una eficacia superior a las fuerzas biológicas y esta sometido a un proceso de clarificación racional; estas características suyas no pueden reducirse a las objetivaciones y racionalizaciones neuróticas.

En conclusión, la psicología dispone lo mismo que la ciencia de datos demasiado incompletos y de puntos de vista parciales que no le permiten expresar un juicio decisivo sobre la religión.

Finalmente hay que observar que la adhesión a la religión es personal y no puede reducirse a un estudio científico de la misma.

Referencia Bibliográficas

Álvarez, José Ricardo. 1998. **La acción creadora y soteriológica mediada por la psicoterapia**. En Revista Theologica Xaveriana: Santa fe de Bogota.

Allport, G. 1950. **El individuo y su religión**. McMillan: New York.

Ancona, L, 1971. **Cuestiones Psicológicas**. Herder: Barcelona.

Anderson, G. C. 1970. **Su religión: ¿neurótica o saludable?**. Doubleday: New York.

Biblia de Jerusalén. 1998. Desclée De Brouwer: Bilbao

Biblioteca de Consulta Microsoft® Encarta® 2003.

Castillo, José María 1995. **Espiritualidad para comunidades.** San Pablo: Madrid.

Castillo, José María y Estrada, Juan; 1987. **El Proyecto de Jesús**. Sigueme: Madrid..

Cortina, Adela, 2001. **La vida vivida éticamente**. En Revista Vida Nueva, 24 de marzo.

Debarge, L. 1968. **Psicología y pastoral**. Desclée De Brouwer: Bilbao.

Erikson, E, H. 1974. **Infancia y sociedad**. Paidos: Buenos Aires.

Esquerda Bifer, J. 1976 **Experiencia de Dios**. Sociedad de Educación Atenas: Madrid.

Esquerda Bifer, J. 1990 **Caminar en el amor**. Sociedad de Educación Atenas: Madrid.

Fuller, A., 1986. **Psicología y religión: Ocho puntos de vista**. University Press of American: New York.

Horney, K. 1969. **La Personalidad neurótica de nuestro tiempo**. Paidos: Buenos Aires.

Jiménez, Álvaro. 2000. **Santificación y condicionamientos psicológicos**. En Revista Theologica Xaveriana: Santa fe de Bogota.

Jones, E. 1978. **Vida y obra de Sigmund Freud**. Editorial PAX: México.

Kennedy, E. 1973 **Fe religiosa y madurez psicológica**. en la Revista Conclium número 81.

Maertens, Thierry. 1971. **Libro de Oración**. Marova: Madrid.

Mejía, Jorge Julio. 2000. **Manifestaciones contemporáneas de espiritualidad**. Revista Theologica Xaveriana: Santa fe de Bogota.

Pardo, A. 1985. **Orar con los salmos**.

Parker, W. R. y Johns, E. ST. 1975. **La oración en la Psicoterapia**. Editorial PAX: México.

Vaugham, R.P. 1962. **La Enfermedad Mental y Vida religiosa**. The Burce Publisching: Milwaukee.

Vergote. A., 1969, **Psicología Religiosa**. Taurus: Madrid.

Zavalloni, R. **Nuevo Diccionario de Espiritualidad.** 1979, San Pablo: Madrid.

Printed by Books on Demand GmbH, Norderstedt / Germany